CHER ÉDOUARD

Bruno DRUART

Éditions ART ET COMÉDIE
2, rue des Tanneries
75013 PARIS

À Marion Game,
si talentueuse, si généreuse
sur scène et dans la vie,
que je retrouve avec un vif plaisir.

CHER ÉDOUARD

Création en tournée en janvier 2006
Salle Jacques Brel / Montigny-le-Bretonneux
Direction : Joëlle Dupuy
Son : Baptiste Coujeaud

Mise en scène : Rodolphe Sand
Assistante : Isabelle Raymond

Avec

Maud / La mère . . . . Marion Game

Édouard . . . . Michel Le Royer

Soazic . . . . Line Michel

Charlotte . . . . Marion Servole

Vincent . . . . Benjamin Tual

Décor : Thierry Benoist
Musique : Alexis Degay

Une production
Michel Rougeron / La Compagnie du Préau
Administration : Patrick Angonin

Nouvelle tournée en janvier 2008
Production « Ça se joue » / Stéphane Foullogne

NOTE DE L'AUTEUR

Cette comédie de divertissement teintée de tendresse connaît depuis sa création un vif succès. Le mélange des réparties cocasses et quelques mots d'amour fonctionne sur tous les publics heureux de rire et qui aiment également une générosité de sentiments.

De Noyelles-sous-Lens à Manosque en passant par Vitré, les gens se sont levés pour les saluts.

Mes interprètes et moi-même étions émus. Je souhaite le même bonheur aux troupes qui vont assurer la relève.

BRUNO DRUART

PERSONNAGES

ÉDOUARD

MAUD / LA MÈRE

SOAZIC

CHARLOTTE

VINCENT

DÉCOR

Une terrasse d'été fleurie d'un palace d'une station balnéaire en Savoie. Un salon particulier. Au centre, une immense table recouverte d'une élégante nappe blanche. Deux ou trois chaises autour.

ACTE I

Une jeune femme entre avec un plateau comprenant couverts et assiettes qu'elle dépose sur une table installée de biais, côté cour.

CHARLOTTE - Quelle chaleur ! *(Récupérant un papier dans la poche de son tablier blanc et lisant.)* Alors, huit couverts… Un repas d'enterrement ! Je suis gâtée !

Un homme entre. Il apporte un plateau avec des verres.

ÉDOUARD - Toujours en train de ronchonner !… Ah ! vous êtes une drôle de nature, vous !

CHARLOTTE - Je ne râle pas ! C'est tout le contraire !

ÉDOUARD - Un homme rend son âme à Dieu, ça vous réjouit, vous ? Moi, je déteste l'idée de la mort ! Rien que d'en parler, ça m'enlève le goût de vivre !

CHARLOTTE - Nous sommes pourtant tous concernés. Vous certainement avant moi !

ÉDOUARD - Je vous remercie ! Mais pour moi, c'est un sujet de conversation insupportable qui ne devrait être abordé que deux minutes avant de disparaître ! On embrasse ses proches et bye-bye !

CHARLOTTE - Ça ne se passe jamais comme ça !

ÉDOUARD - Parce que la mort est mal faite !

CHARLOTTE - En tout cas, je préfère un repas d'enterrement à un repas de noce ! Ça s'éternise moins ! Aux mariages, personne n'arrive jamais à partir ! Tandis qu'avec un mort, le héros de la fête a déjà pris les devants !

ÉDOUARD - Le couteau !

CHARLOTTE - Quoi, « le couteau » ?

ÉDOUARD - Le couteau à droite de l'assiette ! Trois ans de service et toujours aussi étourdie !

CHARLOTTE - Je suis gauchère, je n'y peux rien ! Ça fausse tous mes gestes.

ÉDOUARD - Toujours réponse à tout… Ah ! je voulais vous dire : attention ! Vous vous relâchez !

CHARLOTTE - Pardon ?

ÉDOUARD - Vous avez tendance à la familiarité avec la clientèle. Alors ça, c'est inacceptable ! De la tenue avant tout ! Nous lui devons toute satisfaction, devancer presque ses exigences mais toujours avec un soupçon de condescendance !

CHARLOTTE - Servir l'homme, ignorer l'être humain !

ÉDOUARD - Voilà ! La formule est heureuse ! J'aurais pu vous la souffler ! *(Un temps.)* D'ailleurs, je vous l'ai certainement inspirée !

CHARLOTTE - Oh ! marrant !… Regardez ! Il y a un petit trou dans la nappe !

ÉDOUARD - Et alors ? Posez une assiette dessus ! Enfin, quoi, il faut tout vous mâcher !

Charlotte - Au Grand Hôtel, on refile des nappes mitées !… Ah ! ça fait classe !

Édouard - Justement, oui ! Un petit trou dans une nappe prouve qu'elle a du vécu ! Bon ! Vous connaissez le plat du jour ?

Charlotte - Non !

Édouard - C'est le même qu'hier ! Il est très mal parti ! Le chef demande que l'on fasse du forcing. Mais uniquement auprès de la clientèle renouvelée des salons particuliers.

Charlotte - Il y va fort, le chef ! Refiler un plat d'abats à des gens qui débarquent du cimetière, bonjour le tact !

Édouard - Que me racontez-vous là ?

Charlotte - « Petits rognons à la sauce moutarde », ça se compose de quoi pour vous ?

Édouard - C'était… Ce fut le plat du jour d'avant-hier. Hier, nous affichions « filet de bar sur feuilles de chou vert ficelées ». Ça ne vous a pas marquée ?

Charlotte - Le plat du jour sous couvercle, on s'imprègne pas vraiment de son odeur !

Édouard - Vous discutez de tout ! Vous êtes bien la fille de votre mère.

Charlotte *(essuyant un sanglot)* - Ma petite maman chérie ! Deux ans déjà qu'elle nous a quittés !

Édouard - Pour aller vivre avec un prof de gym aux Seychelles ! On ne va pas pleurer sur son sort.

Charlotte - Elle me manque.

Édouard exécute une grimace discrète. Charlotte, qui commençait à installer le couvert sur la grande table, fait un faux mouvement et laisse tomber des couteaux et des fourchettes par terre. Elle s'accroupit pour les ramasser puis les essuie avec une serviette.

ÉDOUARD - Non mais franchement… Ah ! vous êtes douée ! *(Charlotte soulève un pan de la nappe qui va jusqu'au sol.)* Où vous allez, là ? Mais qu'est-ce qu'elle fait ? Revenez ! Sortez de là-dessous !… Elle est insensée ! *(Charlotte se relève.)* Mais dites-moi, avant de remplacer au pied levé votre tendre mère, vous travailliez où ?

CHARLOTTE - Chez l'archevêque de Paris !

ÉDOUARD - Ah oui ? Et pourquoi avez-vous quitté ce saint homme ?

CHARLOTTE - Je suis athée ! Vous savez, je vais vous regretter. Je vous dois beaucoup. C'est demain votre dernier jour ?

ÉDOUARD - Oui. Après vingt-cinq années de bons et loyaux services dans cet établissement, je rends mon tablier ! Quand une page se tourne, ça ne veut pas dire qu'il n'y en a pas d'autres derrière ! Je vais enfin pouvoir profiter de l'existence ! Notre métier est passionnant mais il nous broie ! J'ai besoin de souffler, de vivre plus détendu… *(Soudain, attendri.)* Je suis passé à côté de ma vie sentimentale. Mais c'est de ma faute ! Il y a vingt ans, j'ai fait une rencontre exceptionnelle ! J'aurais dû me montrer plus vigilant. Une femme fantasque, charmante, turbulente, fascinante. Un petit bout de nez irrésistible !

CHARLOTTE - Tout comme moi !

ÉDOUARD - Pas vraiment ! Un jour, elle réserva un salon pour un baptême.

CHARLOTTE - Elle venait d'accoucher ?

ÉDOUARD - Un baptême de l'air ! Elle arrosait son premier saut en parachute ! C'était une vraie casse-cou ! J'assurais le service de table. Nos regards se sont croisés soudain. Ouh là là !

CHARLOTTE - Le coup de foudre !

ÉDOUARD - La catastrophe ! Je tenais en main un plat de homards thermidor, je ne l'ai pas vu atterrir sur le costume impeccable d'un chanteur lyrique. Il a hurlé comme un loup ! Ce ne fut pas sa meilleure partition…

CHARLOTTE - Que s'est-il passé ensuite ?

ÉDOUARD - J'ai dû commander un autre homard.

CHARLOTTE - Mais avec cette femme ?

ÉDOUARD - Dix-huit mois de passion ! Nous avons vécu une belle histoire d'amour pleine d'imprévus pendant un an et demi.

CHARLOTTE - Ça s'est mal terminé ?

ÉDOUARD - Maud a pris l'avion pour New York. Elle travaillait dans une boîte d'import-export qui venait de s'installer là-bas. Maud et sa fille âgée de huit ans ont emménagé à deux pas de Central Park. Un océan a eu raison de nous. Et petit à petit, nos sentiments ont pris le large !

CHARLOTTE - Depuis, vous savez ce qu'elle est devenue ?

ÉDOUARD - Sans doute encore plus séduisante ! *(Consultant ses fiches.)* Qu'est-ce que vous m'avez raconté, Charlotte ? Salon numéro six, repas de huit couverts, M. Richard Berthomieu qui enterre sa vie de garçon ! Ce n'est pas un décès, ça !

CHARLOTTE - J'ai dû mal comprendre ! Ça peut arriver à tout le monde !

ÉDOUARD - Ça peut arriver à tout le monde, oui ! Mais chez vous, c'est presque une habitude ! Vous êtes un spécimen rare… Les bougeoirs !

CHARLOTTE - Quoi ?

ÉDOUARD - Il manque les bougeoirs ! Et le champagne dans un seau ! Vous comptez peut-être sur moi ?

CHARLOTTE - Oui ! *(Tête d'Édouard.)* Pardon ! Non ! Tout de suite, monsieur Édouard !

Charlotte sort précipitamment. Un jeune homme entre.

VINCENT - Bonjour ! Je suis Vincent Morin, l'ami le plus proche de Richard Berthomieu. Il a réservé cette table.

ÉDOUARD - Il n'est pas encore arrivé.

VINCENT - Quand il va apprendre la nouvelle… Son amie Isabelle est là. Elle veut rompre !

ÉDOUARD - Bien, bien ! Enfin, non, ce n'est pas bien du tout ! Quand devaient-ils se marier ?

VINCENT - Demain !

ÉDOUARD - Je ne veux pas me mêler de ce qui ne me regarde pas, mais c'est une décision rédhibitoire. Il s'est passé un évènement ?

VINCENT - Elle a fait ma connaissance !

ÉDOUARD - Ah !… Et alors ?

VINCENT - Elle s'est entichée de moi ! Elle a complètement perdu la tête ! Elle s'est installée au bar. Elle attend l'arrivée de Richard.

ÉDOUARD - Je sens que nous allons nous amuser !

VINCENT - Surtout que moi, je ne suis pas du tout mordu ! Quelle galère !

ÉDOUARD *(soupirant)* - Ah ! les femmes ! Les femmes !

VINCENT - Comme vous dites !

ÉDOUARD - Certaines, il suffit que vous leur demandiez leur main pour qu'elles vous glissent entre les doigts… et ne pensent plus qu'à regarder ailleurs !

VINCENT - Hé ! difficile de résister aux multiples tentations ! C'est pourquoi je suis contre le mariage.

ÉDOUARD - Bon ! Votre soupirante ne doit pas demeurer dans le hall. Évitons un scandale en public ! Je vais la faire patienter dans un salon privé. Et vous, on ne bouge pas d'ici !

Édouard sort. Charlotte, venant des cuisines, entre avec un seau à champagne.

CHARLOTTE - Bonjour monsieur.

VINCENT - Du champagne ! Excellente idée ! Qu'avez-vous comme cigarettes ?

CHARLOTTE - Tout ! Des françaises, des américaines, des anglaises, des orientales, des suédoises…

VINCENT - Quel choix ! Que me conseillez-vous ?

CHARLOTTE - D'arrêter de fumer ! Ça ne peut qu'adoucir votre teint un peu jaune. Et c'est toujours ça de gagné dans la mise à sec de votre portefeuille !

VINCENT - Vous savez défendre les intérêts de votre maison !

CHARLOTTE - Je fais partie de la ligue nationale anti-tabac ! Ça déplaît fortement à ma direction mais je ne fais aucune concession ! Vous consommez beaucoup ?

VINCENT - Un paquet et demi par jour.

CHARLOTTE - Eh bien, dites donc ! Ça ne doit pas être très agréable de vous embrasser.

VINCENT - Essayez, vous verrez bien !

CHARLOTTE - Ça va pas, non ?

VINCENT - Je ne vous plais pas ?

CHARLOTTE - Pas certaine que cela soit autorisé dans le règlement !

VINCENT - Vous êtes au service de la clientèle, non ?

CHARLOTTE - Y'a des limites ! Il faut que je m'active, j'ai à faire !

VINCENT - Mais je suis une affaire !

CHARLOTTE - Vous êtes surtout un rigolo ! Dites, je n'ai pas que vous ! J'ai trois salons, vingt et un couverts à m'occuper !

VINCENT - Vous allez vous en sortir ?

CHARLOTTE - Si l'on n'abuse pas trop de moi, oui !

VINCENT - Ah ! vous voyez ! On peut donc abuser de vous ? *(Se rapprochant vivement de Charlotte.)* Là, tout de suite ?

CHARLOTTE - On se calme ! Comme mec gonflé, vous vous posez là !

VINCENT - Ne vous emballez pas ! Je ne vous sollicite que pour déboucher la bouteille ! J'ai soif ! Ils n'ont qu'à rappliquer, tous ! Une coupe, s'il vous plaît.

Charlotte s'exécute.

CHARLOTTE - C'est tout ? Je peux disposer ?

VINCENT - Pour votre prochain voyage, ramenez-moi quelques amuse-gueule ! *(Charlotte sort. Il boit.)* Un peu vert.

Vincent se ressert tandis qu'on entend une voix féminine qui vient de l'extérieur.

LA MÈRE *(off)* - Laissez-moi! Je veux retrouver ma fille! Je veux la voir!… Comment vous ne savez pas de quel salon il s'agit? Tant pis, je les visiterai tous! *(Elle apparaît, volcanique.)* Dans celui-là, il se passe quoi? Ah! vous êtes là, vous!

VINCENT - Bonjour madame!

LA MÈRE - Il fallait s'y attendre. On participe à la sauterie, bien sûr!

VINCENT - Oui, j'ai reçu un carton. Si vous voulez parler à Richard, il…

LA MÈRE *(le coupant)* - Non. Je cherche ma fille Isabelle. Mais elle doit être probablement avec lui.

VINCENT - Non, lui n'est pas encore arrivé.

LA MÈRE - Voilà les hommes! Toujours prêts à critiquer une femme si elle a dix minutes de retard, mais lorsqu'ils organisent un repas d'anciens combattants, aucun n'arrive à l'heure!

VINCENT - Mais moi, je suis à l'heure!

LA MÈRE - Êtes-vous un homme?

VINCENT - Vous souhaitez que je vous le prouve? Je n'ai aucun tabou pour la génération qui me précède!

LA MÈRE - Eh bien, moi, j'en ai pour celle qui me succède! *(Elle se sert une coupe de champagne et boit.)* Un peu vert!… Je suis dans un état de nerfs! Isabelle vient de m'appeler. Elle a décidé de rompre avec Richard. Elle est venue le retrouver dans cet établissement mais elle est introuvable!

VINCENT - Vous avez cherché partout?

LA MÈRE - De quoi je me mêle ? Je vous pose des questions, moi ? D'abord, que faites-vous ici à me voler mon oxygène ?

VINCENT - Ne vous énervez pas comme ça. Isabelle n'est plus une gamine, elle a vingt-sept ans, elle sait ce qu'elle a à faire.

LA MÈRE - Merci ! Je sais pertinemment qu'elle a vingt-sept ans ! C'est pas un scoop ! Si elle a vingt-sept ans, cela veut dire que moi… Alors qu'attendez-vous ?

VINCENT - Pour ?

LA MÈRE - Réveillez-vous ! Agissez ! Ne restez pas scotché dans vos baskets, allez fouiller partout ! *(Vincent soupire, sort. Elle en profite pour se servir une coupe de champagne qu'elle avale d'un trait.)* Je confirme : un peu vert !

Charlotte réapparaît.

CHARLOTTE - Bonjour madame. Vous êtes la maman d'Isabelle ?

LA MÈRE - Oui. Pourquoi ? Vous l'avez rencontrée ?

CHARLOTTE - Je viens vous prévenir que votre fille a retrouvé son ami. Ils se sont enfermés et discutent dans le salon mitoyen.

LA MÈRE - La pièce juste à côté ? *(Charlotte acquiesce de la tête.)* Ah ! vous me rassurez ! Je respire mieux. *(Elle se ressert une coupe.)* Celle-là, c'est pour la détente… Et ça se passe comment ?

CHARLOTTE - Apparemment on ne perçoit aucun bruit, aucun cri. C'est bon signe, non ?

LA MÈRE - Bien sûr que non ce n'est pas bon signe ! C'est surtout étrange ! Dans une séparation, il doit y avoir de la douleur, des cris et de la fureur, des sanglots et des verres brisés, des gifles qui se perdent ! Les jeunes femmes d'aujourd'hui ne savent plus quitter ou se faire plaquer avec intelligence ! Comment voulez-vous dans de telles conditions recevoir le lendemain un précieux cadeau de rupture ?

Charlotte - C'est plus du sentiment, c'est du calcul !

La mère - De l'investissement ! Il faut penser à son avenir ! Déjà la solitude est pesante mais, en plus, sans un petit caillou à son doigt pour se remettre, on peut sombrer dans la déprime !

Charlotte - Mais pour votre truc, il faut fréquenter des hommes friqués ?

La mère - Évidemment ! Je n'ai jamais posé un cil sur un contrôleur de la RATP ! Et puis, il ne faut pas trop se donner en amour. Lorsque j'ai rencontré le père d'Isabelle, il avait vingt-cinq ans de plus que moi, c'était un beau parti, une brillante situation. Il était constructeur de maisons individuelles.

Charlotte - Je n'en côtoie jamais !

La mère - On en trouve en bordures d'autoroutes ! Un jour, il est tombé d'un échafaudage. Crac !… Tué sur le coup ! Je pleurais, je pleurais ! J'ai appris que mon bâtisseur, grand seigneur, me laissait cent briques ! Des briques pour un bâtisseur… J'ai arrêté de pleurer !

Charlotte - Vous ne l'aimiez pas ?

La mère - Un peu. Juste ce qu'il faut. Il était très séduisant. De plus, originaire comme moi de Grenade.

Charlotte - Grenade en Italie ?

La mère - C'est ça ! Entre Copenhague et Athènes !… Grenade en Espagne ! Vous voyagez souvent ?

Charlotte - Moi et la géographie, ça fait deux.

LA MÈRE - Ça se confirme. Faudra sérieusement progresser ou vous risquez de vous retrouver plus souvent en vacances à Paris-Plage qu'à Biarritz !

CHARLOTTE *(désignant la porte)* - On les entend pas du tout… Je me demande… Vous ne pensez pas que…

LA MÈRE - Que quoi ?

CHARLOTTE - Ils font peut-être l'amour une dernière fois avant de se quitter…

LA MÈRE - Il y en a tant qui se quittent parce qu'ils ne le font plus…

CHARLOTTE - Oh ! c'est compliqué tout ça !

LA MÈRE *(sceptique)* - Oui… Oh !… Une séparation banale. Enfin… Dites, pourriez-vous m'indiquer…

CHARLOTTE - En sortant, tout de suite à gauche, la porte vitrée.

LA MÈRE - … l'heure qu'il est ?

CHARLOTTE - Oh ! pardon ! Douze heures quarante-cinq.

La mère s'avance vers la porte du petit salon et tend l'oreille.

LA MÈRE - Le calme plat, vous avez raison… Non, je ne le crois pas. Ils ne se sont tout de même pas endormis ?! Et moi, pendant ce temps, je me mets la rate au court-bouillon. Ah ! ma fille n'a pas mon tempérament de feu ! *(Elle vide sa coupe.)* Très très vert !

La mère sort précipitamment. Charlotte hésite puis se rapproche de la porte centrale. Elle s'accroupit, observe par le trou de la serrure. Édouard entre.

ÉDOUARD - Bravo ! En voilà des façons !

CHARLOTTE *(se relevant)* - Je craignais un… De toute façon, on ne voit rien !

ÉDOUARD - Ça vous arrive souvent ?

CHARLOTTE - Ben oui, mais ça renseigne.

ÉDOUARD - Vous travaillez pour la DST, l'Intelligence Service ou le KGB ?

CHARLOTTE - Je travaille au Palace Hôtel pour gagner ma vie.

ÉDOUARD - Bien… On vous demande à l'office.

> *Charlotte, confuse, sort. Un temps. Édouard, après un regard de chaque côté, reprend la pose de Charlotte devant le trou de serrure. Charlotte réapparaît.*

CHARLOTTE - Vous êtes d'accord, c'est pas évident.

ÉDOUARD - Oui, on ne voit rien ! *(Se reprenant puis se relevant brusquement.)* Dites donc, vous ! Vous avez oublié quelque chose ?

CHARLOTTE - Mon petit carnet de commandes. *(Elle le récupère sur la grande table.)*

ÉDOUARD - Je pratiquais un peu de culture physique !

CHARLOTTE - Vous avez raison : ça conserve la forme et ça entretient la vue !

> *Charlotte, tout sourire, sort. Édouard reprend sa position. Vincent apparaît, toussote. Édouard, surpris, pousse un cri puis traverse la terrasse, le dos très courbé.*

VINCENT - Ça n'a pas l'air d'aller…

ÉDOUARD - Tout va bien ! J'examine la propreté du sol. C'est bourré de poussière. Il va falloir passer un bon coup de balai. *(Il exécute quelques mouvements des épaules, des bras, lui permettant de retrouver une attitude normale.)* Que puis-je pour vous ?

VINCENT - Les tourtereaux, ils semblent se rabibocher ! Il faut dire que j'ai traité Isabelle de pétasse, ça l'a sacrément refroidie. Évidemment, je lui ai balancé ça discrètement. Je ne tiens pas à me fâcher avec mon meilleur ami.

ÉDOUARD - Si votre ami décide un jour de l'épouser, vous serez bien obligé de la fréquenter.

VINCENT - Je peux la voir sans la regarder, l'entendre sans l'écouter.

ÉDOUARD - Aussi l'écraser sans la piétiner. Évidemment !

VINCENT - Ils ont commandé deux cafés.

ÉDOUARD - Au diable l'avarice !

ÉDOUARD - Pour le déjeuner huit couverts, vous savez ce qu'il en est ?

VINCENT - Voyez avec Richard Berthomieu.

ÉDOUARD - Justement, j'aimerais lui dire deux mots à ce fameux Richard Berthomieu.

Charlotte réapparaît, joyeuse.

CHARLOTTE - Devinez la dernière !

ÉDOUARD - Vous ! À l'école, dans le passé !

CHARLOTTE *(levant les yeux au ciel)* - Monsieur Édouard, gamine, j'ai souvent été première en classe ! Pas dans les matières les plus importantes, c'est vrai. J'étais très bonne en dessin !

VINCENT - C'est utile.

CHARLOTTE - Je venais pour vous informer que les petits jeunes, ils ne se quittent plus ! Leur mariage est reporté.

VINCENT - Ah ! tant mieux ! On va enfin pouvoir passer à table !

ÉDOUARD - Passer à table, oui. Figurez-vous que c'est aussi une question qui m'interpelle !

VINCENT - Je vais chercher Isabelle, Richard et les autres invités s'ils sont arrivés.

Vincent sort. Charlotte le regarde avec béatitude quitter la pièce. Édouard toussote.

ÉDOUARD - Y'a quelqu'un ? Vous avez les neurones qui se figent, on dirait.

CHARLOTTE - Hein ? Euh… non ! Il est séduisant, ce Vincent Morin.

ÉDOUARD - Vous n'êtes pas la seule à le penser, on dirait.

CHARLOTTE - Il a l'air très intelligent.

ÉDOUARD - Tout le monde ou presque a l'air intelligent. Après quelques mots prononcés, vous enlevez quatre-vingt pour cent de faux air !

CHARLOTTE - Vous êtes dur !

ÉDOUARD - L'expérience d'avoir fréquenté trop d'individus qui n'avaient rien dans le ventre, ni plomb dans la tête. En tout cas, ce Morin, il ne vous correspond pas du tout.

CHARLOTTE - Qu'en savez-vous ?

ÉDOUARD - Lorsque je subodore, je me trompe rarement.

CHARLOTTE - Je vous trouve irascible.

ÉDOUARD - Je suis de méchante humeur. Je pense que l'on se moque de nous ! Vous allez voir que cette réservation de salon va nous rester sur les bras !

CHARLOTTE - Moi qui étais si réjouie de placer le plat du jour !

ÉDOUARD - N'en rajoutez pas. Terminons d'installer le couvert, ça les fera peut-être accélérer.

Édouard et Charlotte s'affairent autour de la table. La mère d'Isabelle entre. Édouard, de dos, ne la voit pas.

LA MÈRE - Excusez-moi, savez-vous si M. Morin est encore présent dans l'établissement? Je vais lui demander de me raccompagner à mon hôtel. À cette heure-ci, trouver un taxi sur le boulevard, c'est un vrai parcours du combattant.

CHARLOTTE - Il est parti chercher les invités.

LA MÈRE - Je ne sais même pas s'il a son permis.

CHARLOTTE - Son permis de conduire?

LA MÈRE - Non, son permis de chasse!

ÉDOUARD - Si madame le permet, je vais aller trouver ce jeune homme pour… *(Il se retourne et contemple, stupéfait, la mère d'Isabelle.)* Maud? C'est toi, Maud?

LA MÈRE/MAUD - Édouard!

Maud, bouleversée, tend les bras en avant et se sent soudain prise d'un malaise. Édouard et Charlotte se précipitent vers elle.

NOIR

Courte musique

*Retour lumière. Même décor. La table a été desservie.
Maud et Édouard regardent, rêveurs, devant eux. Ils peuvent
se tenir la main. Édouard a revêtu un costume civil.*

ÉDOUARD - Vingt ans ! Je dirais plus volontiers vingt-cinq ans.

MAUD - Mais non ! On se connaît depuis toujours ! Nous fréquentions la même maternité !

ÉDOUARD - Tu oublies que je suis un peu plus âgé que toi.

MAUD *(rieuse)* - Mais toi, mon chéri, tu venais en visiteur…

ÉDOUARD - Par quoi commencer ? J'ai tellement à te raconter !

MAUD - Le premier jour ! La première heure ! Qu'as-tu fait la première heure qui a suivi notre séparation ?

ÉDOUARD - Tu veux vraiment savoir ? J'ai acheté une corde. Une corde très solide.

MAUD - Ne me dis pas… Tu voulais attenter à ta vie ?

ÉDOUARD - Moi ? Je peux être désespéré à vie sans y mettre un terme ! J'avais promis d'acheter à ma nièce une corde à jouer pour son anniversaire.

MAUD - Alors toi ! Tu viens de me donner une sueur froide !

ÉDOUARD - Oh ! pardon ! On se retrouve à peine et déjà je t'inquiète ! Et toi ? Le premier jour, la première heure ?

MAUD - J'ai voulu me jeter à l'eau ! Une envie incontrôlable.

ÉDOUARD - Quoi ? Tu souhaitais te supprimer ?

MAUD - En débarquant à New York, en me rendant à un hôtel provisoire, j'ai éprouvé une envie irrésistible d'aller plonger mon corps d'albâtre dans la piscine. Douze degrés ! Très peu pour moi, même avec un maillot de bain en fourrure !

ÉDOUARD - Nous sommes des rescapés ! *(Un temps. Il l'observe.)* Je te regarde, tu n'as pas changé !

MAUD - Cette phrase insidieuse, perfide, redoutable, je l'attendais ! Tu parles ! Nous avons pris un coup de vieux, oui ! Mais il n'y a pas de quoi pleurnicher sur notre sort, il nous réussit ! Regarde ton visage, regarde le mien… On voit bien pire ailleurs ! Tu partages ta vie avec quelqu'un ?

ÉDOUARD - Une liaison durable dans ma profession tient du miracle ! Je cohabite seulement avec deux perruches nippones ! Mais dans quarante-huit heures, je reprends ma liberté ! Je quitte le Palace Hôtel !

MAUD - L'heure de la retraite a sonné ?

ÉDOUARD - Celle de Russie fut un désastre ; la mienne sous les cocotiers promet monts et merveilles ! Je compte rattraper le temps perdu et voyager. D'abord les îles pour me ressourcer.

MAUD - Tu pars seul ?

ÉDOUARD - Les perruches restent à la maison !

MAUD - D'accord ! On ne change pas ses mauvaises habitudes. Il y a vingt-cinq ans, c'était pareil. Tu m'aimais, je t'aimais, mais tu adorais ton indépendance. Tu te souviens ? Tu détestais m'accompagner dans les musées.

ÉDOUARD - J'ai donné, pourtant. Ah ! c'était épique ! Tu allais dans tous les sens. Je passais plus de temps à chercher à te récupérer que devant les toiles exposées.

MAUD - Et moi, je t'adressais la parole et c'était un autre qui me répondait ! Tu avais stagné je ne sais où. Furieuse, j'insultais l'inconnu qui avait osé ouvrir la bouche à ta place ! Il y en a même un, un jour, qui a pris deux claques ! Il était laid et il commençait à me draguer ! Insupportable !

ÉDOUARD - Abuser d'une faible femme… Cet homme n'a eu que ce qu'il mérite.

MAUD - Mais oui, je suis une faible femme. À mes heures… Et lorsque je souhaitais que tu m'accompagnes aux courses, tu te récusais tout le temps !

ÉDOUARD - Remplir un Caddie, ça n'a rien d'exaltant.

MAUD - Les courses de chevaux à Longchamp, pas Auchan !

ÉDOUARD - Ah ! pardon !… Oh ! ce cirque ! Les chevaux couraient, toi aussi !

MAUD - Le fric que je misais ! Le fric que je perdais !

ÉDOUARD - Moi ça me faisait mal au ventre pour toi.

MAUD - Forcément, tu les lâches avec des élastiques !

ÉDOUARD - Je suis économe, je l'avoue.

MAUD - Radin, oui ! Ça s'appelle radin. Tu es le seul homme que j'ai fréquenté à ne m'avoir pas offert le moindre bijou, même de fantaisie.

ÉDOUARD - Il faut savoir se différencier des autres.

MAUD - Tu t'en tires à bon compte.

ÉDOUARD - Toutes ces femmes qui se mettent une multitude de bagues lourdes à chaque doigt ne réalisent pas qu'au bout de quelques années, un rhumatisme articulaire va figer leurs doigts !

MAUD - T'as vu joué ça où, toi ? *(Remuant un doigt.)* Tiens, ce saphir, c'est le père d'Isabelle qui me l'a donné à la naissance de notre fille.

ÉDOUARD - Il brille.

MAUD - Il brille ! Tout ce que tu trouves à dire ? Il est magnifique, oui ! Il vaut une fortune ! C'est là que j'ai regretté de ne pas avoir eu des triplés !

ÉDOUARD - Ta progéniture me semble assez capricieuse, non ?

MAUD - Elle a de qui tenir.

ÉDOUARD - On peut te trouver beaucoup, beaucoup, beaucoup de défauts mais capricieuse, non.

MAUD - Elle tient de son père ! Capricieux, caractériel… *(Soupirant.)* C'est de toi que j'aurais voulu avoir un enfant. Fière, heureuse et comblée, je me serais sentie. Je t'ai aimé profondément. Et puis, on ne s'ennuyait jamais ensemble. Qu'est-ce qu'on a pu rire tous les deux ! Hein ?

ÉDOUARD - Après ton départ, j'ai même continué davantage !

MAUD - Goujat ! Amnésique !

ÉDOUARD - C'est toi qui m'as quitté, pourtant.

MAUD - Mon job à New York ! Inespéré ! Le rêve de ma vie !

ÉDOUARD - Je te parle de notre rupture brutale dans un restaurant italien. Quel souvenir ! Tout avait pourtant bien commencé. On nous apporte deux belles assiettes de tagliatelles à la carbonara dont je raffole toujours. Et soudain, sans raison apparente, tu éclates de colère !

MAUD - Sans raison apparente, tu dis ? Depuis une demi-heure, je rongeais mon frein ! Tu lorgnais sans vergogne une rousse-carotte volumineuse à une table voisine. C'était plutôt humiliant, non ? Fallait voir le genre de la dame : distinguée comme une portion de tripes !

ÉDOUARD - Tout d'un coup, tu te lèves et tu viens vider ton assiette de tagliatelles à la carbonara sur mon cuir chevelu !

MAUD - M'en souviens pas du tout, c'est si loin…

ÉDOUARD - C'est ça ! Ça me dégoulinait partout. Un franc succès !

MAUD - Ta faute ! Tu te serais tenu convenablement, ignoré ce monstre marin, il ne se serait rien passé.

ÉDOUARD - Le plus cocasse, dans ton histoire : le monstre marin… c'était un travesti ! J'avais des doutes, je l'observais attentivement.

MAUD - Un travesti ? Tu as osé draguer un travesti devant moi !

ÉDOUARD - Pas du tout !

MAUD - N'empêche, tu t'es levé, tu t'es rendu au lavabo et je ne t'ai plus revu. Tu as quitté l'établissement sans un mot, ni un adieu.

ÉDOUARD - Tu as raison. J'aurais dû te remercier avant de partir.

MAUD - Je me suis retrouvée seule à table. Pas trop longtemps : on s'est vite empressé de m'apporter la note. Parce, que en plus, j'ai dû m'appuyer l'addition ! Bien joué !

ÉDOUARD - Je n'ai même pas eu le temps de goûter à mon plat !

MAUD - Écoute, Édouard, je te dois la vérité. Je t'avais tendu un piège. La veille du restaurant, j'ai accepté ce poste à l'étranger. C'était une occasion inespérée, unique, je ne pouvais pas refuser. Mais je ne savais pas comment t'en parler et je n'ignorais pas qu'il mettrait un terme à notre liaison. J'ai eu peur de ta réaction, de la mienne, de mes larmes. J'ai profité de ce dîner pour créer un incident regrettable et que tu me plaques sur place. C'était pas très courageux de ma part mais j'étais très perturbée, angoissée. Puis je t'ai écrit pour essayer de t'expliquer ma nouvelle vie…

ÉDOUARD - Il a fallu accuser le coup.

MAUD - Tu ne m'en veux pas de mes mensonges?

ÉDOUARD - Quelle importance, aujourd'hui? Il y a prescription. C'est vrai que j'étais épris de toi comme un fou!

MAUD - Et aujourd'hui?

ÉDOUARD - Aujourd'hui?

MAUD - Tout à l'heure, ton regard, ton émotion, j'ai tout deviné. Là, à cette minute présente, je ressens les mêmes vibrations. Édouard, tu m'aimes toujours! Tu n'as jamais cessé de m'aimer!

ÉDOUARD - T'emballe pas, Maud. T'emballe pas…

MAUD - Je suis certaine de ne pas me tromper. Je l'ai tout de suite compris. Ça m'a fait un choc et j'ai eu ce malaise.

ÉDOUARD - Je suis très troublé, c'est entendu, mais…

MAUD - Tu vois!

ÉDOUARD - C'est le fait de se retrouver par hasard, après tant d'années. Certains souvenirs rejaillissent en moi…

MAUD - J'imagine. Il y en a… Oh là là!

ÉDOUARD - On se calme, Maud! On se calme! Ils appartiennent au passé. Nous avons su vivre depuis – et même bien vivre – éloignés l'un de l'autre.

MAUD - Tu penses! Qu'est-ce que j'ai pu en profiter! À peine un talon aiguille posé sur le sol américain, je suis passée à l'attaque, j'ai ratissé large tout ce qui bougeait!

ÉDOUARD - Tu étais très craquante !

MAUD - Je suis toujours craquante. De tous les côtés, maintenant !

ÉDOUARD - Arrête ! Tu es restée jolie, charmeuse…

MAUD - Je vais bien. De se retrouver, je vais encore mieux. Et toi, tu vis comment ? À part tes perruches nippones, tu as une femme dans ta vie ?

ÉDOUARD - Pourquoi une ? Tu rends une femme heureuse, tu laisses dix malheureuses de côté ; une situation impossible pour moi.

MAUD - Je vois. Même sous la torture, tu ne parleras pas.

Vincent entre, légèrement éméché.

VINCENT - Il fait une chaleur à l'intérieur ! Monsieur, vous féliciterez le chef cuisinier. Son assiette aux quatre saveurs accompagnée d'un bourgogne léger, un régal ! Ce bourgogne se boit comme du petit lait ! Marrant parce que d'habitude, le lait et moi, ça gaze pas du tout !

ÉDOUARD - Alors lui, il en tient une bonne !

VINCENT - Du lait ! Je veux encore du lait ! *(À Maud.)* Il paraît que vous souhaitez que je joue les chauffeurs et vous raccompagne à votre hôtel ? À votre service, ma petite dame !

MAUD - C'est non ! Je préfère la marche à pied, c'est excellent pour le teint.

VINCENT - Qu'est-ce que vous croyez ? Je sais me tenir quand il le faut.

MAUD - Un conseil : évitez de prendre le volant tout de suite. À votre place, j'irais me commander un double-express bien serré.

Vincent sort, la tête dans le sac.

ÉDOUARD - Maud, sache que je quitte mes fonctions demain à dix-neuf heures.

MAUD - J'ai un avion à vingt-trois heures trente. Je comptais, au mariage de ma fille, discrètement m'éclipser à la fin du repas mais comme il n'y a plus de festivités, j'ai tout mon temps à te consacrer, mi amor ! Me voy hacer muchas cosas…

ÉDOUARD - Non, écoute, évitons les mots doux en public.

MAUD - Quel public ? Il n'y a que toi et moi ! Tu es compliqué, tu sais. *(Soupirant.)* Oh ! toi ! toi ! toi ! Tu me fais frissonner dans tout le corps, tout d'un coup !

ÉDOUARD - Le changement de climat !

MAUD - C'est toi, grand fou !

ÉDOUARD - Écoute, Maud, ces quarante-huit heures, je suis débordé et, ce soir, je ne termine pas avant minuit.

MAUD - Demain, tu peux tout de même te trouver un moment de libre, non ?

ÉDOUARD - Impossible. En plus, ils ont organisé un cocktail de départ en mon honneur.

MAUD - Toi, tu cherches à m'envoyer balader !

ÉDOUARD - Ne commence pas, s'il te plaît !

MAUD - Ne gâchons pas nos retrouvailles. Tous les deux, on s'est un peu loupés, nous méritons une seconde chance. On va se rattraper. Nos meilleures années sont à venir…

ÉDOUARD - Sachant qu'elles seront moins nombreuses que celles qui viennent de s'écouler, tu me permettras de ne pas les brader !

MAUD - Ce qui veut dire ?

ÉDOUARD - J'ai besoin de calme, de réflexion.

Charlotte entre.

CHARLOTTE - Monsieur Édouard, le chef cuisinier souhaite vous parler.

ÉDOUARD *(à Maud)* - Tu permets ?

Édouard sort.

MAUD - Dites-moi, il quitte vraiment le Palace Hôtel demain soir ?

CHARLOTTE - Hélas ! Nous allons toutes le regretter. Un type comme lui, c'est la crème ! Attentionné avec ses collègues, prévenant avec la clientèle, drôle avec tout le monde, c'est un genre qui se perd !

MAUD - Vous êtes intime avec lui ?

CHARLOTTE - J'aurais pas dit non ! Mais il ne m'a jamais proposé rien d'autre que de boire une tasse de thé !

MAUD - Il fréquente une femme ?

CHARLOTTE - Si un homme brillant comme lui n'a pas une titulaire, c'est à désespérer de la race masculine ! À la vérité, c'est une question qu'avec Josette et Pamela des commodités, on se pose depuis un bout de temps ! Mystère ! Il est très très discret !

MAUD - À ce point ?

CHARLOTTE - C'est pas faute d'avoir essayé de savoir ! Josette s'interrogeait même sur sa virilité !

MAUD - Qu'elle ne s'interroge plus. Si je peux me permettre, en sport en chambre, il est médaille d'or !

CHARLOTTE - Arrêtez! Arrêtez! Je ne vais pas m'en remettre! En tout cas, je suis contente que vous me le confirmiez! Je vais pouvoir rassurer Josette et Pamela!

MAUD - C'est étrange, j'ai l'impression de vous avoir déjà vue ailleurs. Mais où ça?

CHARLOTTE - À la fête à Neuneu, au bois de Boulogne?

MAUD - Certainement pas! Pourquoi pas Disneyland?

CHARLOTTE - J'ai fait un remplacement pendant deux jours à une buvette!

MAUD - Ça y est! Il y a quelques mois, je suis venue en France pour un anniversaire! Le couturier Andy Greg!

CHARLOTTE - J'y étais! Le gros gâteau surprise, c'était moi!

MAUD - Pardon?

CHARLOTTE - C'est ma spécialité! Mon violon d'Ingres! Pour toutes les fêtes où l'on amène une pièce montée géante, je me tasse à l'intérieur, on soulève le couvercle et j'apparais en tutu! Une danseuse de l'opéra!

MAUD - Vous devez être choupinette!

CHARLOTTE - J'ai toujours un franc succès! Et le gâteau, je ne vous raconte pas!

MAUD - Je peux vous demander un service?

CHARLOTTE - Que souhaitez-vous boire?

MAUD - Un service personnel.

CHARLOTTE - Pas de problème! La direction exige que nous soyons aux petits soins auprès des gens pour tout! Et si on nous gratifie d'un gros billet, ne jamais le refuser ! Ça peut contrarier le client !

Maud - Ah bon ? *(Réalisant.)* Ah oui ! Bien sûr ! Vous avez un directeur très attentif au bien-être de son personnel. *(Elle fouille dans son sac, récupère un billet de dix euros et le tend à Charlotte.)* Il va falloir jouer serré. J'ai le projet de repartir avec lui pour New York.

Charlotte - Pour New York ?

Maud - Comment ? Ne me dites pas que traverser l'Atlantique ça lui fait peur ?

Charlotte - Il est plutôt casanier. Pour vous dire, toutes ses vacances, il les passe à La Trinité-sur-Mer ! *(Se rapprochant, ton confidentiel.)* Il paraîtrait que là-bas, M. Édouard aurait une relation très intime sur place, une jeune femme sublime, genre Pamela Anderson, vous voyez ?

Maud - Oui, très bien ! *(Joignant le geste à la parole.)* Longues jambes, cheveux longs, petit cerveau !

Charlotte - Cette personne vit avec sa sœur, une autre créature de rêve, paraît-il. C'est la cousine de la meilleure amie d'une collègue qui m'a raconté ça un jour. Une information sûre et certaine. *(Soupirant.)* Mais bon, ici, libéré de toute obligation, il peut avoir des envies soudaines et inattendues.

Maud - Comptez sur moi ! Je crois surtout qu'il a besoin de motivation. J'arrive à temps. Je vais le booster. Tout va changer. Vingt-cinq ans ont passé, il m'aime encore et toujours. Une belle histoire, non ?

Charlotte - Très belle ! Incroyable, même !

Maud *(consultant sa montre)* - Oh ! je dois filer ! J'ai une course urgente à effectuer que j'allais oublier. Je suis obligée de m'absenter.

Auriez-vous l'amabilité de remettre un mot à Édouard ? J'y joins le numéro de mon portable. Il peut m'appeler où il veut, comme il veut, quand il veut, aujourd'hui et demain matin, midi et soir.

CHARLOTTE - Demain c'est sa dernière journée de travail.

MAUD - Je sais. Mais il effectue bien une pause pour déjeuner, cet homme-là, non ? On pourra se voir, discuter, avaler une bricole en tête à tête. *(Elle tend le mot à Charlotte.)* Vous n'oubliez pas ma commission ?

CHARLOTTE - Vous pouvez compter sur moi. Nous aurons peut-être le plaisir de nous revoir un jour ?

MAUD - Qui sait ? Je mange régulièrement des gâteaux.

Maud sort. Vincent réapparaît.

VINCENT - Ouh là là ! J'étais un peu cassé, ça m'a bien secoué de boire un double café serré. Belle-maman est partie ?

CHARLOTTE - À l'instant. Vous auriez pu vous croiser !

VINCENT - Pas facile-facile ! Vous, par contre, vous semblez avoir une nature plus décontractée.

CHARLOTTE *(joyeuse)* - Vous me draguez ou c'est mon plumeau qui vous intéresse ?

VINCENT *(ahuri)* - Pourquoi votre plumeau ?

CHARLOTTE - Attention ! C'est une star ! Il a débuté sa carrière dans une revue de Mistinguett ! Hélas, sa fin de parcours est plus modeste !

Charlotte prend la voix gouailleuse de Mistinguett et chantonne « Oui, c'est moi, me voilà... » tout en exécutant un petit numéro de charme en jouant avec son plumeau. Vincent, sous le charme, la saisit soudain et tente de l'embrasser.

VINCENT - Charlotte, je te désire, je te veux, tu m'auras !

CHARLOTTE - Mais lâchez-moi !

VINCENT - Tu me plais dingue ! *(Charlotte réussit à se détacher de Vincent et lui flanque une gifle.)* Désolé. Je suis un peu dans le brouillard, j'ai dû consommer trop de lait.

CHARLOTTE - Du lait ? Je suis curieuse de connaître l'étiquette de la bouteille !

VINCENT - Mais c'est vrai que vous me plaisez. Ah ! vos yeux ! Votre bouche !…

CHARLOTTE - On ne va pas faire tout l'inventaire. Constatez seulement que rien ne manque nulle part.

VINCENT - J'ai constaté ! Vous accepteriez de sortir avec moi ?

CHARLOTTE - Moi avec vous ?

VINCENT - Vous avec moi.

CHARLOTTE - Vous êtes plutôt beau mec, friqué et intelligent, c'est vrai. *(Un temps.)* J'hésite beaucoup.

VINCENT - Ah bon ?

CHARLOTTE - Ben oui. C'est pas suffisant. Moi, ce que je recherche avant tout chez un homme, c'est sa tendresse, son côté prévenant, qu'il ait de douces attentions à mon égard. Jamais à ce jour on ne m'a offert des fleurs, un bijou. Ça me manque.

VINCENT - Je vous couvrirai de fleurs !

CHARLOTTE - Je préfère être couverte de bijoux !

VINCENT - Ah ! vos yeux ! Votre bouche !

Vincent enlace Charlotte qui résiste mollement. Il tente de l'embrasser. Édouard apparaît. Vincent s'écarte vivement.

CHARLOTTE - Euh… M. Morin me remerciait d'un service rendu.

ÉDOUARD - Ça ne trompait pas.

VINCENT - Je ne m'attarde plus. Le boulot m'attend. *(Passant devant Charlotte.)* Vingt heures précises, devant la grille d'entrée du parc municipal.

Vincent sort. Charlotte soupire.

CHARLOTTE - Je crois que je ne vais pas savoir lui résister longtemps.

ÉDOUARD - Moi non plus.

CHARLOTTE - Hein ?

ÉDOUARD - Pardon. Je voulais dire que je n'allais pas résister à boire quelque chose. Je me sens déshydraté.

CHARLOTTE - Je vous sers une coupe ?

ÉDOUARD - Allez !

Charlotte en profite, remplit deux coupes.

CHARLOTTE - Qu'est-ce que je dois faire ?

ÉDOUARD - Buvez. Il a tué personne jusqu'à présent.

CHARLOTTE - Pour Vincent Morin.

ÉDOUARD - Foncez !

CHARLOTTE - C'est vous qui me dites ça ?

ÉDOUARD - Moi, je suis de la vieille école. En amour, on se prenait trop la tête. De nos jours, on fonce ! Ça marche, ça casse, on investit dans le sparadrap.

CHARLOTTE - Je suis sûre que vous ne pensez pas un mot de ce que vous dites.

ÉDOUARD - Exact.

CHARLOTTE - Ah! tant que j'y pense, votre amie Maud m'a remis une enveloppe pour vous. *(Elle la lui tend. Il l'ouvre.)* Vous allez voir, elle se montre déterminée, elle ne mâche pas ses mots.

ÉDOUARD - J'ai l'impression que son contenu vous a beaucoup intéressée… *(Il lit.)* Trouver un moment de libre, ça ne va pas être évident… Alors ça! Elle m'interroge sur le nom de mon amie qui habite La Trinité-sur-Mer… Ça veut dire quoi ça?

CHARLOTTE - C'est pourtant clair. À La Trinité-sur-Mer, vous possédez une amie très proche.

ÉDOUARD - Merci, j'avais compris. Qui s'est chargé de lui communiquer cette information?

CHARLOTTE - C'est pas moi! C'est pas moi! *(Changeant de ton.)* C'est moi.

ÉDOUARD - Je n'apprécie pas du tout. Mais je ne nie pas. *(Soudain rêveur.)* Ah!… Être allongé sur le sable fin près d'une jolie femme et regarder la mer…

CHARLOTTE - La mère de la jolie femme?

ÉDOUARD - La mer, l'océan!

CHARLOTTE - Évidemment. *(Rieuse.)* Pour moi, la détente complète serait d'être entourée d'une nuée de chippendales qui me cacheraient totalement la mer!

ÉDOUARD - Ma pauvre Charlotte, vous perdez vraiment la tête!

CHARLOTTE - Même pas! En tout cas, votre amie Maud, côté cœur, j'ai l'impression que c'est reparti pour un tour. Elle ne va plus vous lâcher.

ÉDOUARD - Quand elle s'accroche, pire qu'une tique!

CHARLOTTE - Monsieur Édouard, vous m'avez laissé entendre il y a un instant qu'il fallait toujours répondre à l'amour.

ÉDOUARD - Seulement, Charlotte, une réalité vous échappe totalement : Maud est complètement folle !

NOIR

Courte musique

Le lendemain, dix-sept heures environ. La scène est vide. Une femme en tenue de deuil apparaît. Elle marche avec difficulté sur des talons aiguilles. Elle semble égarée dans ce lieu. Charlotte entre en trombe.

CHARLOTTE - Madame ! Madame ! Vous désirez quelque chose ?

SOAZIC - Une chaise ! *(Elle en repère une et se pose. Elle ôte ses chaussures sous le regard ahuri de Charlotte.)* Oh là là ! Ça fait un bien ! Je viens d'effectuer un long trajet, j'ai les pieds en feu ! J'ai un gros problème depuis l'enfance : mes extrémités gonflent à tout bout de champ. Je vis un calvaire !

Soazic remue les pieds en l'air en les activant comme des essuie-glaces.

CHARLOTTE - Vous avez rendez-vous ?

SOAZIC - Je débarque à l'improviste. Il faut absolument que je parle à M. Édouard Angelin. J'ai une excellente surprise pour lui…

CHARLOTTE *(la détaillant physiquement)* - Je l'ai tout de suite deviné quand madame est entrée !

SOAZIC - Il est là ?

CHARLOTTE - Une chance pour vous car c'est son dernier jour. Il nous quitte définitivement ce soir. Une décision irrévocable. Nous sommes tous très très bouleversés.

SOAZIC - Une décision irrévocable, vous dites ? Il a décidé de mettre fin à ses jours ! C'est affreux ! *(Changeant de ton.)* C'est terrible, je ne vais même pas avoir à me changer… Qu'est-ce que je raconte, moi ? Mais j'arrive à temps ! Je vais le persuader de renoncer à cette idée funeste. Couteau, poison, corde à nœuds… Qu'a-t-il choisi ? Dites ! Dites ! Je suis prête à tout entendre.

CHARLOTTE - Madame se méprend totalement. M. Édouard stoppe simplement son emploi de premier maître de rang, c'est tout.

SOAZIC - C'est tout ? Vous venez de me donner une sueur froide et vous dites c'est tout ! Remarquez, je préfère ça. *(Un temps.)* Vous attendez quoi ?

CHARLOTTE - Comment ?

SOAZIC - Pour prévenir ce cher Édouard de mon arrivée. Il va être transposé, je le sens !

CHARLOTTE - Moi aussi, je le sens ! J'annonce qui ?

SOAZIC - Soazic Legonidec, de La Trinité-sur-Mer.

CHARLOTTE *(stupéfaite)* - De La Trinité-sur-Mer ! De La Trinité-sur-Mer ! *(Hilare.)* Ah ! d'accord, d'accord…

SOAZIC - Si vous pouviez m'apporter une bassine avec un peu d'eau à l'intérieur pour y tremper mes pieds, ça me soulagerait beaucoup. Merci infiniment. *(Elle remet ses chaussures)* Euh… les toilettes ?

CHARLOTTE - Au fond du couloir à droite. Non, à gauche. À droite, vous vous rendez à la réception de M. Édouard.

SOAZIC - Mais c'est beaucoup plus intéressant ça !

Soazic sort. Charlotte étend la nappe sur la table qui descend de chaque côté jusqu'au sol. Maud entre.

MAUD - Bonjour !

CHARLOTTE - Ah ! bonjour ! Vous savez, ça a marché votre truc.

MAUD - De quoi me parlez-vous ? Quel truc ?

CHARLOTTE - J'ai suivi vos conseils. *(Elle montre une bague à son doigt.)* C'est un bon début, non ? Le premier bijou de ma future collection. Un rubis !

MAUD - Un rubis vert, j'appelle ça une émeraude. Elle est très belle.

CHARLOTTE - Je trouve que les bijoux m'allaient très bien au teint.

MAUD - Le bijou est le meilleur des produits de beauté pour une femme.

CHARLOTTE - J'ai aussi repéré un collier de perles fines…

MAUD - Oui, bon ! Alors, dites-moi, savez-vous où il se trouve ?

CHARLOTTE - En vitrine, chez un bijoutier, rue de Paris.

MAUD - Je vous parle d'Édouard.

CHARLOTTE - Ah… On s'est à peine croisés, il est débordé, il court partout.

MAUD - Il ne m'a pas téléphoné, je n'ai aucune nouvelle et il est presque dix-sept heures.

CHARLOTTE - Déjà ? J'ai une grande table à dresser pour un apéritif. J'ai remis votre petit mot à M. Édouard mais je ne peux pas me multiplier davantage. Je vais me renseigner.

> *Charlotte sort. Soazic réapparaît de l'autre côté, en boitant légèrement, puis s'assoit à l'opposé de Maud qui la regarde avec compassion.*

Soazic - Madame…

Maud - Madame…

Soazic - J'attends une bassine.

Maud - Et moi, j'attends un homme.

Soazic - Moi également. Un homme et une bassine. Mais je ne sais pas dans quel ordre ils vont se présenter.

Maud *(agacée)* - Je suis une vraie cocotte-minute sous pression avec la soupape de sécurité prête à exploser. *(Elle saisit un grand vase et s'apprête à le briser.)* Ça va me défouler !

Soazic - Deux mille euros, au moins.

Maud *(le redéposant avec délicatesse)* - On reporte !

Maud s'en va côté cour. Soazic va s'asseoir sur une chaise côté jardin. La porte centrale s'ouvre. Édouard entre. Il découvre avec stupeur Soazic, reste un instant tétanisé. Il hésite puis, à pas de souris, s'éloigne côté cour et sort. Aussitôt, il réapparaît à reculons, face à Maud.

Maud - Enfin ! Enfin, tu es là !

Édouard tourne les talons et découvre Soazic qui se retourne et se lève d'un bond, se précipitant dans ses bras.

Soazic - Édouard ! C'est horrible ! Horrible !

Soazic vient se blottir contre la poitrine d'Édouard, lui prenant les bras pour entourer son corps.

Maud - Qui est-ce ?

Édouard - Je t'expliquerai. *(Se dégageant, à Soazic.)* Qu'est-ce qui t'arrive ?

SOAZIC - Martine n'est plu.

ÉDOUARD - Martine est décédée ?

SOAZIC - Pire ! Elle s'est entichée d'un électricien de Vérone qui, souhaitant repartir au pays, lui a proposé de l'accompagner. Elle a plié bagages pour vivre avec lui. Tu te rends compte ?

ÉDOUARD - Excellente nouvelle !

MAUD *(qui a tendu l'oreille)* - Martine ?

ÉDOUARD *(à Maud)* - Mon… Sa sœur !

SOAZIC - Excellente nouvelle ! Elle nous abandonne lâchement, oui !

MAUD *(à Édouard)* - Un coup de foudre pour un électricien… C'est peut-être une lumière cet homme-là ! Mais cette personne est la sœur de qui ?

ÉDOUARD - Je t'expliquerai.

MAUD - J'y compte bien !

SOAZIC - Et elle, c'est qui ?

ÉDOUARD - Je t'expliquerai.

SOAZIC *(sur le même ton catégorique que Maud)* - J'y compte bien !

ÉDOUARD - Tu devais bien te rendre compte que Martine devait souffrir d'un grand manque affectif.

SOAZIC - Quel manque affectif ? Elle me voyait trois fois par jour.

ÉDOUARD - Tu m'étonnes qu'elle ait pris le large !

SOAZIC - T'es méchant ! Pourquoi dis-tu ça ?

Édouard - Pourquoi es-tu vêtue de noir ?

Soazic - Je porte le deuil. Désormais, je n'ai plus de sœur. Je l'ai chassée de ma mémoire.

Édouard - Alors, pour toi, elle n'a pas droit au bonheur ?

Soazic - Quand je pense que je daignais prendre tous mes repas chez elle pour lui tenir compagnie… Une ingrate, oui !

Édouard - Elle savait mitonner de succulents petits plats.

Soazic - Depuis, je marche aux boîtes !

Maud - Bon ! Maintenant, ça suffit. J'aimerais comprendre. Présente-nous, s'il te plaît.

Soazic - C'est la directrice du Palace Hôtel ?

Édouard - Non. Maud est une amie très proche, de New York.

Soazic - Très proche de New York ?

Maud - Tu peux me dire sur quelle latitude on communique avec elle ?

Édouard entraîne vivement Maud à l'écart.

Édouard - Écoute, Soazic est un fléau, une vraie calamité. Elle est la sœur de Martine, que je fréquente depuis plusieurs années, au mois d'août, à La Trinité-sur-Mer. Tu as tout capté ? Tu es satisfaite ?

Maud *(réalisant)* - La Trinité-sur-Mer… Ah oui ! Oui… Des créatures de rêve…

Soazic - Hé ! ho ! C'est quoi toutes ces messes basses ? J'aime pas beaucoup ça. Édouard, j'ai soif !

Édouard - Tu patientes.

Soazic - Il faut aussi que je te parle intimement, très intimement.

MAUD - Moi aussi !

Charlotte entre, tenant une bassine d'eau entre les mains.

CHARLOTTE - Moi d'abord !

ÉDOUARD - Je crois que je vais installer un distributeur de tickets. *(À Charlotte.)* Vous promenez ça où ?

CHARLOTTE - C'est madame qui l'a commandée.

MAUD - Elle va boire tout ça ?

Charlotte dépose la bassine devant les pieds de Soazic.

SOAZIC - Édouard, tu connais mon problème récurant avec mes pieds.

MAUD - Les pieds, la tête… Ça se passe à tous les étages, chez elle !

SOAZIC - Qu'est-ce qu'elle dit ?

ÉDOUARD *(à Maud)* - Ma chérie, je te promets de te consacrer du temps dès que possible. Auparavant, je vais m'entretenir avec Soazic.

MAUD - Ta Bécassine, tu l'expédies !

SOAZIC - Elle raconte quoi ?

ÉDOUARD *(fort, se rapprochant de Soazic)* - Elle la trouve très jolie, cette bassine !

MAUD - Dis-moi, les pieds, la tête, les oreilles… Elle passe pas le contrôle technique ta copine !

ÉDOUARD - Charlotte, voulez-vous accompagner madame jusqu'au grand salon ?

*Maud sort, précédant Charlotte. Soazic, assise sur une chaise,
a ôté ses chaussures et trempe ses pieds dans la bassine.*

SOAZIC - Comme c'est bon, les pieds dans l'eau…

ÉDOUARD - Surtout, tu n'es pas dépaysée. Mais qu'est-ce qui t'a
pris de te déplacer ? Tu pouvais me téléphoner. Et pourquoi Martine
ne m'a parlé de rien ?

SOAZIC - Elle t'a écrit.

ÉDOUARD - Je n'ai rien reçu.

SOAZIC - Je ne suis pas surprise : la lettre qu'elle m'a donnée à
expédier, je ne l'ai jamais envoyée.

ÉDOUARD - Quoi ?!

SOAZIC - Tu ne devines pas pourquoi ?

ÉDOUARD - Non.

SOAZIC *(après un temps)* - Je suis embarrassée pour te raconter.
Voilà. Je voulais te parler en direct. Te voir. Maintenant que Martine
a rompu, que tu te retrouves en carafe, moi, depuis un bon bout de
temps, j'ai pensé que…

ÉDOUARD - Que quoi ?

SOAZIC - Tu pourrais m'aider ! Eh bien, oui, je l'avoue, je t'aime
en secret depuis toujours. Je me suis tue parce que je n'ai jamais
voulu faire de l'ombre à ma sœur.

ÉDOUARD - Là, tu pouvais être rassurée.

SOAZIC - Aujourd'hui, il n'y a plus aucune raison pour que je la
boucle. Heureux ?

ÉDOUARD - Tout baigne !

Soazic *(se levant d'un bond, toujours les pieds dans l'eau, vacillant pour mettre ses bras autour du cou d'Édouard)* - Si je ne me retenais pas, je te sauterais au cou !

Édouard - Retiens-toi ! Surtout, retiens-toi !

Soazic - Je t'aime, je veux que l'on se marie !

Édouard - Vêtue de noir, ta demande en mariage est assez saugrenue !

Soazic - Tu as raison, il faut que je me change.

Soazic commence à se déboutonner le col.

Édouard - Qu'est-ce que tu fais ? Tu es folle ou quoi ? Tu… Tu pourrais prendre froid !

Soazic - Surtout que je suis fragile des bronches. Ah ! mon Doudou, je suis toute remuée de te retrouver !

Édouard - M'appelle pas « Doudou ». Tes extrémités semblent avoir retrouvé leur splendeur. Si tu les essuyais ?

Soazic sèche ses pieds trempés avec une serviette de couleur que Charlotte avait déposée près de la bassine.

Soazic - C'est terrible d'être si sensible… des pieds. Alors, tu décides quoi ? *(Édouard ne répond pas.)* Je comprends. Tu es inquiet, bien sûr. Tu n'as pas à te soucier, tu vas voir comme je vais te choyer, te dorloter…

Édouard - Me combler en boîtes de conserve !

Charlotte réapparaît.

Charlotte - Monsieur le directeur vous demande.

Édouard - J'arrive. Euh… Charlotte, pouvez-vous remballer tout ça et conduire madame dans une chambre ? Elle souhaite revêtir une autre robe.

SOAZIC *(à Édouard)* - Tu me rejoins très vite, mon Doudou. *(Soupirant.)* Ah ! c'est le plus beau jour de ma vie !

Elles sortent.

ÉDOUARD - Pour moi, c'est le pire !

NOIR

Courte musique
Entracte s'il y a

ACTE II

Même décor. Charlotte s'applique à plier des serviettes de table. Vincent entre. Il se rend derrière la jeune femme, lui cache les yeux avec ses mains.

VINCENT - Qui est-ce ?

CHARLOTTE - Arrête tes sottises, Jean-Noël !

VINCENT - C'est pas lui.

CHARLOTTE - Ah ! c'est toi, Jean-Pierre ! Tu as la voix enrouée, dis.

VINCENT - Il y a erreur sur la personne.

CHARLOTTE *(tout sourire)* - Jean-Philippe ! Tu es déjà rentré de Moscou ?

VINCENT - Non plus ! Vous fréquentez beaucoup de « Jean », j'ai l'impression !

CHARLOTTE - Matthieu ! Cédric ! Oscar ! Julien !

VINCENT *(furieux, ôtant ses mains)* - Lorsque vous aurez épuisé tout le calendrier, vous trouverez peut-être.

CHARLOTTE *(se retournant)* - J'ai deviné que c'était vous, évidemment.

VINCENT - Pourtant mes dix doigts vous empêchaient de me voir.

CHARLOTTE - Votre portez à votre doigt une superbe chevalière en or que j'ai tout de suite reconnue.

VINCENT - Charlotte, notre dîner en tête à tête m'a rendu fiévreux. Impossible de trouver le sommeil cette nuit. Et vous ?

CHARLOTTE - J'étais morte de fatigue, je me suis endormie immédiatement.

VINCENT - En pensant à moi ?

CHARLOTTE - En pensant que j'ai oublié d'acheter du beurre pour mon petit déjeuner.

VINCENT - Ce soir, on se retrouve ?

CHARLOTTE - Impossible ! Je suis de service. Demain, je peux m'arranger.

VINCENT - Super ! On pourrait se rendre dans une boîte de jazz. Ça vous dit ?

CHARLOTTE - Ça tombe bien, demain c'est ma fête.

VINCENT - La sainte Charlotte ?

CHARLOTTE - Oui. En vérité, elle ne figure pas sur le calendrier alors je l'ai instituée pour demain. J'ai envie d'être gâtée.

VINCENT - Bien sûr. Mais j'y pense : demain je suis déjà occupé.

CHARLOTTE - Tant pis ! C'était mon seul jour de libre.

VINCENT - Non, non, c'est trop nul, je vais m'arranger. Ce que tu me plais !

> *Vincent enlace Charlotte qui gémit. Maud entre. Charlotte se dégage.*

Maud - Dire que mon idiote de fille a failli rompre pour un ahuri de votre espèce ! Vous les séduisez toutes !

Vincent - Pour votre fille, j'y suis pour rien. Je lui ai plu, elle m'a pas plu, on n'en parle plus !

Maud - Vous n'êtes pas vilain garçon mais, à la Star Academy de la séduction, vous ne seriez pas repêché par le public.

Vincent - Ça tombe bien. J'aurais été très ennuyé qu'après la fille, la mère me coure aussi après !

Maud - Prétentieux ! Vous vous imaginez quoi ? Les exaltés du cinq à sept, il y a longtemps que j'ai fermé le dossier. J'ai d'autres rêves, d'autres ambitions.

Vincent - Quelle éloquence ! Vous dégagez un magnétisme…

Maud - Vous, par contre, je préférerais surtout que vous dégagiez dehors !

Vincent - Je n'ai aucune raison de m'en aller.

Maud - Si !

Vincent - Embrassez-moi.

Maud - Pardon ? Ça va pas la tête !

Vincent - Ça se fait lorsqu'on se dit au revoir.

Maud - Je ne vous dis pas au revoir mais adieu. Généralement, un léger signe de la main suffit.

Vincent - Je suis un sentimental incurable. Ça serait sympa de se quitter pas fâchés… *(Soudain empressé.)* Ah ! Maud ! Maud ! Je ne peux plus résister !

Vincent se rue sur Maud qui sort précipitamment un pistolet de son sac. Elle le menace.

Maud - Stop! Bas les pattes! *(Vincent recule en arrière aussitôt.)* Ah! ça calme tout de suite les ardeurs, ce machin-là!

Vincent - Vous vous promenez avec un pistolet dans votre sac?!

Maud - Toujours.

Vincent - Mais c'est une attitude complètement irresponsable!

Maud - Je trouve au contraire qu'il peut me prémunir de certains dangers.

Vincent - Vous pourriez blesser quelqu'un!

Maud - J'en suis persuadée. Quelques coups tirés bien ciblés et l'on peut finir comme la Vénus de Milo!

Vincent - Écoutez, c'était un jeu. Je ne voulais pas…

Maud - Dommage. Un peu de plomb dans la tête, c'était pas du luxe pour vous. *(Vincent se met à vaciller.)* Allez! Que je ne vous y reprenne plus. Du balai! *(Vincent file en direction de la réception.)* Un briquet garde du corps, c'est vraiment un cadeau utile!

Maud range son arme dans son sac. Édouard entre.

Édouard - Je ne t'ai pas fait patienter trop longtemps?

Maud - Une heure.

Édouard - Tu me rassures. Je croyais davantage.

Maud - Mon Édouard, il faut que je t'avoue : une folle idée a germé dans mon esprit…

Édouard - Tu m'inquiètes.

Maud - Tous les deux, si nous repartions à zéro pour une nouvelle existence? *(Un temps.)* Tu es saisi de bonheur ou tu as attrapé une laryngite aiguë foudroyante?

ÉDOUARD - Tu permets que ton idée s'installe doucement dans ma tête ?

MAUD - Je t'enlève ! Je te kidnappe ! Je te fais découvrir New York ! Tu vas être ébloui !

ÉDOUARD - Par New York ?

MAUD - Par moi.

ÉDOUARD - C'est stupéfiant ! Célibataire endurci, me voilà confronté en quelques heures à deux demandes en mariage : toi et Soazic.

MAUD - Ne me dis pas que tu portes de l'intérêt aux élucubrations de cette folle ?

ÉDOUARD - Évidemment, non.

MAUD - Certain ? On a déjà vu des hommes en période de diète reluquer des soldées de la confection !

ÉDOUARD - Tu es redoutable.

MAUD - C'est pour cacher une grande sensibilité. Édouard, ne me déçois pas. Réfléchis et prends la bonne décision.

ÉDOUARD - Je crois que tu ne réalises pas que le temps a passé. Aujourd'hui, j'aspire surtout à une vie paisible, contemplative.

MAUD - Contemplative ? Tu veux dire passer des heures à regarder tout ce qui t'entoure sans dire un mot ?

ÉDOUARD - Oui, c'est ça. C'est bien la définition.

MAUD - Je ne pourrai jamais. Ou alors tu te tais, moi je parle et tu n'écoutes que moi. Là, ça peut me plaire.

Soazic surgit. Elle a revêtu une robe longue aux couleurs vives.

Soazic - Édouard ! Édouard ! Tu ne devineras jamais ce qui m'arrive. Je suis tout excitée !

Édouard - Tu t'es changée, c'est mieux.

Maud - Nettement mieux !

Soazic - J'ai toujours porté la toilette avec raffinement ! Je tiens ça de ma mère. Nous sommes toutes très longilignes dans la famille…

Édouard et Maud - Alors !

Soazic - Je savourais un apéritif assez corsé au bar lorsque, soudain, un homme passe et me frôle le dos en venant s'installer tout à côté de moi. Un frisson me parcourt tout le corps. Le type allume un énorme cigare et ne cesse de me dévisager.

Maud - Quelle audace !

Soazic - Je le contemple à mon tour. Tout ce que j'aime dans le mâle viril. Petit, trapu, sans pilosité sur le sommet… Je fonds aussitôt ! Mon cœur accélère le rythme, j'en éprouve la chair de poule. Son regard lourd sur moi m'impressionne. Mais que me veut-il ?

Maud - Oui, que vous veut-il ?

Soazic - Il quitte son fauteuil après m'avoir adressé un clin d'œil complice. Enfin, je crois. Parce que c'était pas le premier, c'était même régulier chez lui. Je me demande si ce n'est pas nerveux ? Il s'éloigne vers le hall.

Édouard - Et toi ?

Soazic - On ne résiste pas à l'appel de la chair ! J'abandonne mon tabouret, je me dirige vers le hall d'un pas mal assuré parce que, évidemment, sous l'émotion, mes pieds se sont mis à prendre du volume.

MAUD - Vous n'avez jamais essayé les après-ski? C'est spacieux, élégant, tout-terrain.

SOAZIC - Et je le retrouve dans le hall, toujours le cigare aux lèvres. Une allure! Une classe! Une fumée! Il m'adresse la parole, j'en ai la gorge nouée.

ÉDOUARD - Alors?

SOAZIC - Alors, nous lions connaissance. Il est concessionnaire en voitures, de passage dans la région. Il a un fort accent. Il est originaire de l'île de Pâques! Amusant, non?

ÉDOUARD - Toi de La Trinité, lui de Pâques… Vous aurez la bénédiction des cieux!

SOAZIC - Il est célibataire. Édouard, j'ai besoin d'un conseil. Il me propose de dîner avec lui dans une auberge des environs. Est-ce que je dois accepter?

ÉDOUARD - Fonce! Aujourd'hui, on fonce! Vas-y franco!

SOAZIC - Justement! Franco, c'est son prénom! Je suis tout émoustillée. Tu ne m'en veux pas?

ÉDOUARD - Au contraire!

SOAZIC - Quelle histoire! Je ne sais pas si on se reverra.

ÉDOUARD - Sans doute que non. Sois heureuse.

SOAZIC - Il m'attend dans sa voiture. Bye-bye Édouard! Kénavo madame.

MAUD - Kénavo madame. *(Soazic sort en chantonnant « C'est un fameux trois mats… ».)* J'aimerais avoir une copine comme ça et l'avoir perdue…

ÉDOUARD - Moque-toi.

MAUD - C'est peut-être le début d'une belle aventure? On mène sa barque avec tant de hasards et d'incertitudes… *(Son portable sonne.)* Allô! (…) Ah! c'est toi! Ne quitte pas… *(À Édouard.)* Ma fille. Il faut que l'on se parle. On se retrouve dans quelques minutes.

ÉDOUARD - À tout de suite.

MAUD *(au téléphone)* - Isabella querrida…

Maud quitte la terrasse. Édouard reste pensif. Charlotte entre.

CHARLOTTE - Écœurée! Je suis écœurée!

ÉDOUARD - Qu'est-ce qui vous arrive encore?

CHARLOTTE - Vincent Morin est un enfoiré! *(Tête d'Édouard.)* Excusez-moi mais c'est tellement vrai… Au bar, il a passé un coup de fil à une copine pour lui fixer un rancart ce soir! Pamela, qui arrosait les bacs à fleurs, a entendu toute la conversation. Si je ne me retenais pas, j'irais lui balancer à la figure, son émeraude!

ÉDOUARD - Le geste est beau mais stupide!

CHARLOTTE - Oui. Surtout que cette bague s'est extrêmement attachée à mon doigt… *(Soupirant puis essuyant un long sanglot.)* Pas marrant, la vie.

ÉDOUARD - Votre rimmel va couler.

CHARLOTTE - M'en fiche! *(Reniflant.)* Je suis trop malheureuse.

Édouard fouille dans sa poche et tend un mouchoir à Charlotte.

CHARLOTTE - Merci. Être jolie et sexy, c'est pas toujours facile, vous savez.

Charlotte se mouche puis rend le mouchoir à Édouard, un peu dégoûté.

ÉDOUARD - Je vois ça.

CHARLOTTE - Ce que je veux, c'est rencontrer un mec sincère.

ÉDOUARD - En amour, lorsque ça tourne mal, le résultat est immuable : la femme se fait posséder par l'homme ou l'homme se fait déposséder par la femme !

CHARLOTTE - Quelle formule ! Pamela trouve que vous vous exprimez très classe.

ÉDOUARD - J'aime bien Pamela.

CHARLOTTE - Elle trouve aussi que vous parlez un peu guindé, comme son père.

ÉDOUARD - Que fait son père dans la vie ?

CHARLOTTE - Pasteur. Et quelque part, vous réconfortant pour les autres, vous êtes un peu comme lui : vous distribuez la bonne parole…

ÉDOUARD - Oui, bon ! Ça tombe bien, j'ai deux mots à vous dire. *(Prenant son souffle.)* Chère Charlotte, lorsque votre tendre maman m'a sollicité il y a deux ans et demi pour vous introduire dans cette honorable maison, j'ai accepté sans aucune réserve. Pourtant, vous cumuliez depuis un bon nombre de mois les places instables et les attaches romanesques déplorables…

CHARLOTTE - Pas de ma faute ! J'ai jamais eu de chance dans mes places. L'archevêque rend l'âme, la maroquinerie dépose son bilan, la superette est transformée en station essence…

ÉDOUARD *(la coupant)* - Écoutez, aujourd'hui, votre apprentissage est terminé, vous possédez enfin un emploi stable. Je crois que la direction vous apprécie. Alors, je vous en prie, arrêtez vos conneries sentimentales !

CHARLOTTE - Si je pouvais !

ÉDOUARD - Mais vous le pouvez! Votre problème : vos échanges ne sont pas constructifs. Vous ne bousculez pas assez vos petites cellules grises pour en tirer la meilleure réflexion.

CHARLOTTE - Vous me trouvez stupide?

ÉDOUARD - Pas du tout. Vous êtes une fille intelligente mais assez crétine en amour.

CHARLOTTE - Je manque de discernement, je sais.

ÉDOUARD - Un jour, vous tomberez sur la perle rare, peut-être l'homme de votre vie, qui sait? Et là…

CHARLOTTE - Là quoi?

ÉDOUARD - Là, vous foncez! Aujourd'hui, on fonce pour un grand amour!

CHARLOTTE - Qu'il s'active! Je désespère! Monsieur Édouard, vous vous montrez si soucieux avec moi, ça me touche beaucoup.

ÉDOUARD - Il y a longtemps que je vous observe. Je peux même vous dire qu'à dix ans, les garçons vous causaient déjà des problèmes. Il y avait plein d'enfants à l'éducation irréprochable, il fallait que vous jouiez avec le plus voyou du quartier.

CHARLOTTE - Vous me connaissiez à cet âge-là? Je ne savais pas.

ÉDOUARD - Votre mère habitait en face de mon immeuble.

CHARLOTTE - Le scoop! J'ai vu des photos d'elle à cette époque. Elle était plutôt canon.

ÉDOUARD - Oh là là! *(Se reprenant.)* Assez, oui.

CHARLOTTE - Elle m'a eue, elle venait d'avoir vingt ans… Mais alors si vous la croisiez à ce moment-là, vous avez dû aussi croiser mon père?

ÉDOUARD *(ému)* - Oui.

CHARLOTTE - Ma mère n'a jamais voulu me dire qui c'était. Comment était-il?

ÉDOUARD - C'est embarrassant pour moi de vous en parler.

CHARLOTTE - Il est vivant?

ÉDOUARD - Il se porte comme un charme.

CHARLOTTE - C'est vrai? *(Elle hurle.)* Ah!!! Où est-il?… Je vous en supplie, répondez-moi. Est-ce que je lui ressemble?

ÉDOUARD - Vous avez hérité de la morphologie de votre mère.

CHARLOTTE - Non, ne plaisantez pas, racontez-moi. Et est-ce que je lui manque?

ÉDOUARD - Pas vraiment.

CHARLOTTE - Même pas un petit peu?

ÉDOUARD - Pas vraiment parce qu'il a l'opportunité de vous côtoyer assez régulièrement.

CHARLOTTE - Oh! vous vous moquez encore de moi!

ÉDOUARD - Non, c'est la vérité.

CHARLOTTE - Mais je ne comprends pas… Pourquoi ne s'est-il jamais présenté?

ÉDOUARD - Il a sans doute de bonnes raisons.

CHARLOTTE - Lesquelles?

ÉDOUARD - Je ne sais pas. Enfin, votre mère a décidé de garder son enfant pour elle toute seule. Votre père a appris sa paternité il y a un peu plus de deux ans seulement.

CHARLOTTE - Ah bon ? Au même moment où je suis entrée au Palace Hôtel… Mais alors… *(Elle est très troublée.)* Je n'ose pas y croire… Vous êtes mon père, c'est ça ?

ÉDOUARD - Un jour où ta mère avait pas mal bu, elle me l'a avoué. On dit toujours la vérité avec un verre de trop…

CHARLOTTE *(bouleversée, tendrement)* - Oh ! putain !

ÉDOUARD - Ça, côté langage, tu ne tiens pas de moi.

CHARLOTTE - Oh ! qu'est-ce qu'il m'arrive tout d'un coup ? Papa !

ÉDOUARD - Nous allons enfin profiter l'un de l'autre. Tu es d'accord ?

CHARLOTTE - Papa ! Papa ! Papa !

ÉDOUARD - Oui ? Il faut le temps que ça s'imprime !

Charlotte se précipite pour se blottir dans les bras de son père. Tous deux sont très émus. Un temps.

CHARLOTTE - Quand je vais apprendre la nouvelle à Pamela et Josette…

ÉDOUARD - Motus ! Tu n'ébruites rien. On continue à jouer le jeu du maître d'hôtel et de son assistante préférée. On se vouvoie devant les gens. Très vite, nous ferons évoluer la situation.

CHARLOTTE - Je peux t'embrasser ?

ÉDOUARD - Tu n'as plus aucune raison de t'abstenir.

Charlotte, les bras autour du cou de son père, l'embrasse tendrement. Maud apparaît.

MAUD - Bravo !

Charlotte se dégage, embarrassée.

ÉDOUARD - Tu as tout faux.

MAUD - Évidemment, La Trinité-sur-Mer ne fait pas le poids à côté d'elle. Un beau salaud, oui !

ÉDOUARD - Maud, écoute-moi…

MAUD - Tu vas chercher à m'embobiner.

ÉDOUARD - Juste avant, promets-moi de ne rien divulguer.

MAUD - On verra ! Je t'écoute.

ÉDOUARD - Charlotte est ma fille.

MAUD - Pourquoi pas ta mère ? Tu me prends pour une truffe ?

ÉDOUARD - Je n'ai pas l'habitude de raconter des histoires, moi.

CHARLOTTE - Je vous jure, c'est vrai.

MAUD - Vous, dégagez à l'office. Tenez, apportez donc une marmite de tagliatelles à la carbonara !

ÉDOUARD - C'est pas drôle.

CHARLOTTE - Un appétit comme le vôtre, c'est assez rare.

MAUD - Éloigne ta mignonne ou j'en fais du chorizo !

ÉDOUARD - Ma chérie, nous nous retrouvons dans un instant.

MAUD - « Ma chérie » !

Charlotte sort.

ÉDOUARD - Je sais que les apparences peuvent être trompeuses, mais Charlotte est ma fille. C'est la vérité !

MAUD *(dubitative)* - Et pourquoi aurais-tu attendu si longtemps pour le lui faire savoir ?

ÉDOUARD *(la coupant)* - Stop ! C'est comme ça, c'est une longue histoire et je n'ai pas à me justifier. Tu me crois, tu ne me crois pas, c'est pareil, ça ne change pas le cours des événements. Tu souhaites nous voir repartir tous les deux d'un pas alerte et tu ne sais même pas me donner ta confiance dès la première épreuve qui se présente !

MAUD *(après un temps)* - Je te crois.

ÉDOUARD - Tu n'es plus jalouse ?

MAUD - Non. J'ai la preuve que tu dis vrai.

ÉDOUARD - Là, tu m'épates.

MAUD - Hier, Charlotte est sortie avec Vincent Morin. Je ne pense pas qu'elle s'amuse avec deux hommes à la fois.

ÉDOUARD - Tu es au courant de sa vie privée, toi.

MAUD - Je sais même que ta fille a récupéré une superbe bague au doigt et deux cents grammes de plus sur la balance.

ÉDOUARD - Tu lui as transmis ta fameuse méthode.

MAUD - Solidarité féminine… Dis-moi, as-tu pris une décision ?

ÉDOUARD - Nous en parlons après le cocktail. Évidemment, tu te joins à nous.

MAUD - Écoute, je suis gênée… Il y aura quoi à boire ?

ÉDOUARD - Champagne, punch et sangria.

MAUD - De la sangria ! Comment refuser sans trahir mes origines ?

Soazic réapparaît, survoltée. Sa robe est en lambeaux.

SOAZIC - Édouard ! Édouard !

ÉDOUARD - Oh ! mais que t'est-il arrivé ?

Soazic - Oh là là ! Je rejoins Franco à sa voiture. Il me parle des festivités puis tourne la clé du moteur. À peine cinq cents mètres plus loin, il s'arrête. Il se retourne en ma direction et soudain me saute dessus !

Maud - Un satyr !

Édouard - Il a voulu te violer ?

Soazic - Le « i » est de trop.

Maud et Édouard - Il a voulu te vo… Oh !

Maud - Il en voulait à votre sac ?

Soazic - Plutôt à mon collier de fines perles.

Soazic - Tu te souviens, Édouard ? C'était un cadeau de maman. Ah ! il l'avait bien repéré malgré ses yeux clignotants ! Je me suis débattue, il a ouvert la porte, m'a projetée au sol et il est reparti en trombe dans son coupé.

Édouard - Tu as pu noter son numéro d'immatriculation ?

Soazic - J'ai pas réagi, j'étais sonnée. Il a déjeuné ici mais il a payé en liquide.

Édouard - Une vraie ordure !

Soazic - Le Franco, il était si viril ! *(Reniflant.)* Qu'est-ce que je vais devenir ?

Édouard - Allons, allons, Soazic ! Une battante comme toi !

Soazic - Tu parles ! Je rate tout ce que j'entreprends. Je ne sais plus ce que je dois faire.

Maud - On ne s'inquiète pas de votre absence à La Trinité-sur-Mer ?

SOAZIC - J'ai des copains qui ont absolument voulu m'accompagner au car. Quand celui-ci a démarré, ils pleuraient !

MAUD - Ah ! vous voyez !

SOAZIC - Non, ils pleuraient de joie. Je ne crois pas qu'ils seraient heureux de me revoir. Là-bas, on me surnomme « la calamité ».

MAUD - Je ne vois pas pourquoi.

ÉDOUARD - Moi, si. Ma chère Soazic, ayant pu apprécier à sa juste valeur, par lien de parenté, tes talents d'enquiquineuse notoire et de pleureuse publique, je te le dis bien haut : je ne donne plus dedans. Tu peux assister à mon cocktail de départ si cela te ravit mais, ensuite, tu plies bagages, tu t'évapores. Je ne veux plus entendre parler de toi.

SOAZIC - Je ne peux tout de même pas me présenter comme ça !

MAUD - On dirait du Gaultier !

ÉDOUARD - Ta petite robe noire n'a pas été mise au clou, je pense.

SOAZIC - C'est gai ! *(Essuyant une larme.)* Édouard, j'avais une autre image de toi.

ÉDOUARD - Tu peux désormais la ranger dans la naphtaline.

SOAZIC - Je pourrai chanter ?

ÉDOUARD - Comment ?

SOAZIC - Moi, dans les animations, souvent je pousse la note.

MAUD - Avant la fermeture, pour précipiter les gens dehors ?

SOAZIC - Pas du tout ! J'ai une voix très agréable. Un répertoire de refrains de marins.

ÉDOUARD - Là, tu es à quai, tu t'abstiens, merci.

Soazic - Moi, c'était pour doper l'ambiance. Bon ! Je vais me changer. Sans rancune, mon Doudou. Je te pardonne ton sale caractère, ton humour à froid. Dis, c'est vrai que tu pars pour les îles ? Figure-toi que je ne connais pas du tout et que j'en rêve depuis toujours ! *(Édouard lève les bras au ciel.)* C'est pas pressé, on peut en discuter plus tard. Je cours me faire belle pour toi !

Soazic sort précipitamment.

Maud - Elle est partie se faire belle ? Elle n'est pas revenue ! Remarque, on me pique mes perles, je pète un câble !

Maud sort. Charlotte réapparaît de l'autre côté.

Charlotte - Elle est partie, Granada ? J'avais envie de te dire que j'ai un cafard monstre que tu t'en ailles aussi loin.

Édouard - Un repos bien mérité, crois-moi.

Charlotte - Ton avion décolle à quelle heure ?

Édouard - Vingt et une heures trente.

Charlotte - Tu m'appelleras souvent ? *(Elle se blottit contre lui.)* À peine on se retrouve, on se quitte déjà. Dur dur !

Vincent entre.

Vincent - Ça, je n'aurais pas imaginé.

Édouard - Ah non ! Ah non ! On ne va pas remettre ça ! *(À Charlotte.)* Explique-lui, toi. Moi, je sature. Parce que depuis quarante-huit heures, j'ai ma dose !

Charlotte embrasse Édouard sur la bouche.

Charlotte - On sort ensemble depuis trois ans. Avant, il était avec ma mère qui est décédée ; maintenant, il est avec moi. Je ne pouvais pas le laisser tout seul.

VINCENT - Vous avez l'esprit de famille.

ÉDOUARD - Tu comptes aller jusqu'où, là ?

CHARLOTTE - Avec toi, jusqu'au bout du monde, mon Doudou.

VINCENT - D'accord, d'accord !

CHARLOTTE - J'espère que vous n'êtes pas vexé.

VINCENT - Qu'est-ce que vous croyez ? Vous pourriez avoir un ou deux « Doudou » en plus, ça ne me regarde pas.

CHARLOTTE - Comment vous avez deviné ?

ÉDOUARD - Ah bon ! Ah ! bravo ! *(Tête de Charlotte.)* Tu permets ? Je peux réagir !

VINCENT - D'accord, d'accord.

CHARLOTTE - Vous dites « d'accord, d'accord » mais je sens que vous n'êtes pas d'accord du tout.

VINCENT - D'accord, d'accord. Je crois que nous allons en rester là question révélations… *(Un temps.)* Quel abruti !

ÉDOUARD - Pardon ?

VINCENT - Je parle pour moi.

CHARLOTTE - Pas abruti, naïf. De toute façon, ça n'aurait pas duré longtemps tous les deux, je n'aime pas les naïfs. Ils sont trop collants.

VINCENT - Vous fréquentez vraiment d'autres mecs ?

CHARLOTTE - S'il vous plaît, un peu de tact devant mon Doudou. Est-ce que je vous pose des questions intimes, moi ?

ÉDOUARD - Dommage.

VINCENT - Pourquoi dites-vous ça ?

ÉDOUARD - Ça serait intéressant de mieux connaître l'homme en apparence si attachant, si sincère, si droit. Le modèle n'est pas courant.

VINCENT - Vous pouvez me charrier, je ne me suis jamais vanté d'être un type exceptionnel. *(Consultant sa montre.)* Il n'y a pas de bonne compagnie qui…

CHARLOTTE - Vous partez déjà ?

VINCENT - Je suis attendu. Par mes parents. Bye-bye ! D'accord, d'accord !

Vincent sort précipitamment.

ÉDOUARD - Dis donc, toi, t'es inspirée. Quelle imagination ! Néanmoins, j'ai été très flatté.

CHARLOTTE - Ce prétentieux, je ne voulais pas le louper. Le roucouleur s'est fait pigeonner. Là, je te jure, il est humilié. Charlotte II, la vengeance. Tu vois, je me métamorphose.

ÉDOUARD - Il y a peut-être à dire sur la manière…

Maud apparaît, un verre à la main.

MAUD - Ça y est, la fiesta a commencé. J'ai un ticket avec ton chef cuisinier, je ne te raconte pas.

ÉDOUARD - Évite ! C'est un pervers, un véritable obsédé.

MAUD - Mais c'est très intéressant ce que tu dis là… Je blague ! Tout le monde attend sa seigneurie pour trinquer. Moi, j'ai pris un acompte. Pas terrible, ta sangria. Elle va bien, la fifille ?

CHARLOTTE - Elle nage dans le bonheur filial.

MAUD - Merveilleux. Oh ! je viens de croiser Vincent Morin, la mine déconfite ! Comme j'ai été assez désagréable avec lui, je me suis permis de l'inviter à ta petite sauterie.

ÉDOUARD - De quel droit?

MAUD - Il y a un monde fou. Un de plus, un de moins… Ils ne vont pas faire l'appel.

Charlotte éclate de rire.

ÉDOUARD - Toi, ça t'amuse !

CHARLOTTE - Votre prénom c'est Maud, n'est-ce pas?

MAUD - Oui. Mais appelez-moi plutôt « belle-maman », on gagnera du temps.

Charlotte ouvre la porte. Une musique entraînante se fait entendre faiblement. Charlotte sort pour réapparaître avec des coupes de champagne. Ambiance festive.

CHARLOTTE - Tout le monde va débarquer sur la terrasse.

MAUD - L'air du soir fait un bien fou.

On entend un brouhaha, tandis que la lumière diminue doucement. Édouard et Maud lèvent leur coupe et boivent. Vincent est apparu, joyeux. Il envoie des confettis sur eux.

VINCENT - C'est le 14 juillet avant l'heure !

NOIR

Très courte musique

Retour lumière sur Charlotte et Édouard, seuls en scène. La musique s'est arrêtée.

CHARLOTTE - Ta valise est complètement bouclée ?

ÉDOUARD - Évidemment.

CHARLOTTE - Abandonnée, à peine reconnue.

ÉDOUARD - Un petit mois d'absence.

CHARLOTTE - Ça fait trente jours ou sept cent vingt heures ou quarante-trois mille deux cents minutes au total ! J'ai calculé. C'est très long pour une fille abandonnée !

ÉDOUARD - Ta mère aussi, elle a toujours su compter.

Maud entre, furieuse.

MAUD - C'est un malade ! Il faut agir.

ÉDOUARD - Qui ça ?

MAUD - Lui ! La grande toque ! Je l'ai envoyé balader mais il ne lâche pas l'affaire ! C'est quoi ce pays où on ne peut pas faire un pas sans rencontrer des dégénérés ? Le Vincent, le Franco, le cuistot… Heureusement, mon Édouard, que tu es là pour sauver la fesse ! *(Hilare.)* Oh ! le lapsus ! En tout cas, ta sangria, je te confirme, double zéro ! Elle a pas macéré du tout.

ÉDOUARD - Il fallait boire du champagne, il était excellent…

CHARLOTTE - Tu as remarqué ? Le Vincent s'est éclipsé très vite. Sans un mot.

ÉDOUARD - Il t'avait prouvé qu'il n'était pas bavard…

Charlotte ôte les verres sur la nappe, la dépose sur son plateau puis sort.

MAUD - Un miracle ! Tous les deux enfin seuls ! Je n'y croyais plus.

ÉDOUARD - Je m'étais engagé sans préciser le moment. Avant toute chose, il faut que je t'avoue en toute sincérité quel plaisir immense j'ai éprouvé à te revoir. Tu restes très attachante.

MAUD - Très attachante, tu dis ? Ça promet.

ÉDOUARD - Oui… Non… En te disant cela, j'augure très mal pour la suite. Écoute, Maud…

MAUD *(le coupant)* - Chut ! Tais-toi. Pardon de t'interrompre mais je vais te faciliter la tâche et en même temps m'éviter certains mots que je préfère ne pas entendre.

ÉDOUARD - Tu m'as demandé une réponse…

MAUD - Rassure-toi, j'ai décidé de repartir seule pour les États-Unis.

ÉDOUARD - Tu ne veux plus de moi ?

MAUD - J'ai pris conscience que nous ne vivions pas du tout sur la même longueur d'onde. Il faut savoir regarder la réalité en face. Tu es trop vieux, mou, indécis, pour moi.

ÉDOUARD - Tu peux répéter ?

Maud - J'ai pris rendez-vous pour dans quinze jours avec le plus réputé des chirurgiens esthétiques de la ville. Il va physiquement me rendre mes quarante ans. Tu me vois dans le futur, dans la rue, me promenant au bras de papy Mougeot ? Les gens se gausseraient !

Édouard - Tes déblocages sont occasionnels ou réguliers ?

Maud - Je savais qu'il fallait te parler franchement, sans te brusquer.

Édouard - Tu es un monstre.

Maud - Un monstre, une venimeuse, une aigrie. Tu l'as échappé belle, crois-moi. N'éprouve aucun regret. Adieu Édouard !

Maud s'apprête à sortir mais Édouard, d'un mouvement leste, la retient et l'embrasse avec fougue. Ils se séparent. Maud est embarrassée.

Édouard - Tu m'as trouvé trop mou, là ?

Maud - Moi qui te balançais n'importe quoi pour que tu m'insultes et que je me détache de toi, c'est râpé !

Édouard - Dans les situations délicates, tu es toujours imprévisible, pour ne pas dire catastrophique.

Maud - J'aurais préféré que l'on se quitte fâchés.

Édouard - Lamentable. Je ne prends pas le même avion que toi ce soir mais rien ne m'empêche d'en prendre un autre dans les semaines à venir.

Maud - Tu ne m'en veux pas de t'avoir traité de vieux ?

Édouard - Je n'y ai pas cru.

Maud - Oh ! le prétentieux ! J'ai acheté un deuxième billet pour New York. Ma fille m'accompagne. Nous allons essayer de mieux nous connaître.

Charlotte entre.

Charlotte - Je termine mon service dans dix minutes.

Elle ôte la grande nappe, aidée par Édouard, à l'autre bout. Après l'avoir secouée, ils la plient consciencieusement. On découvre avec surprise sous la table Soazic et Vincent l'un contre l'autre, endormis.

Maud - Qu'est-ce qu'ils fichent sous la table, ces deux-là ?

Édouard - On se réveille ! On est arrivé !

Vincent *(émergeant)* - Où suis-je ? *(Il tourne la tête, découvre Soazic et pousse un hurlement.)* Un spectre !

Soazic *(ouvrant un œil, remuant la tête)* - À qui ai-je l'honneur ?

Maud - Vous sortez ou vous souhaitez que l'on vous apporte des provisions pour l'hiver ?

Soazic et Vincent quittent le dessous de la table.

Édouard - J'aimerais comprendre.

Soazic *(encore soûle)* - Tout ce que je me rappelle c'est que ton champagne méritait le détour.

Édouard - Et vous ? Vous avez également un trou de mémoire ?

Vincent - Me rappelle d'une grosse déception sentimentale.

Soazic - Moi aussi !

Vincent - Certainement pas avec moi.

Soazic - C'est sûr ! Le mien était très classe !… Ah ! ça y est ! Ça me revient. On s'est retrouvés sur cette terrasse et on s'est raconté nos malheurs. Épuisés, imbibés, on s'est réfugiés sous la tente.

Édouard - C'est pas une tente !

Soazic - On a cru. *(À Vincent.)* J'espère, jeune homme, que vous n'avez pas profité de cette intimité pour abuser de la situation ?

Vincent - Je n'y ai même pas pensé.

Soazic - Dommage.

Édouard - Vos exploits sont terminés ? On ne vous retient pas. Vous connaissez la sortie.

Soazic - Tu n'as pas honte de jeter dehors la sœur d'une femme que tu as adulée ? Tu veux que je te dise ? Ce n'est pas civilisé !

Édouard - Soazic, ma patience a des limites.

Soazic - Bon ! Bon ! Je n'ai pas le choix. Mon cher Julius va être heureux de retrouver sa maman.

Maud - Qui est Julius ?

Soazic - Mon chien. Il pue, mais je l'aime ! *(Elle avance en titubant. À Vincent.)* Vous possédez une voiture ?

Vincent - Pourquoi ?

Soazic - Pourriez pas me déposer en passant à La Trinité-sur-Mer ?

Vincent - Vous rêvez !

Soazic - Une chance sur deux. Je tentais le coup.

VINCENT - Remarquez, je dois prochainement me rendre à Concarneau pour affaires. Si ça peut vous dépanner, je peux avancer la date.

SOAZIC - On partirait ce soir ?

VINCENT - Pourquoi pas ? Je préfère rouler de nuit. Je possède une Renault Espace climatisée noire.

SOAZIC *(rieuse)* - Super !… Ah ! mais il faut que je me change ! Le monospace noir plus moi, noir vêtue, on va croire que vous conduisez un corbillard ! À tout de suite !

Soazic sort précipitamment.

MAUD - Il faut absolument que je rencontre un ami à Barcelone. Vous pouvez effectuer un léger détour ?… Je plaisante !

CHARLOTTE - Vincent, c'est chouette votre initiative.

ÉDOUARD - Le geste est élégant. Vous remontez dans notre estime.

VINCENT - Surtout que ce soir, j'étais occupé.

CHARLOTTE - Je ne sais pas si elle affectionne le « lapin » mais ce soir, elle va connaître…

VINCENT - Je compte bien la prévenir.

Soudain, Vincent hurle et désigne Maud du doigt.

ÉDOUARD - Qu'est-ce qui vous prend ?

VINCENT - Dans son sac, elle trimbale un pistolet chargé ! Tout à l'heure, elle m'a menacé !

MAUD - Quel nigaud ! C'est un briquet-révolver. Vous avez cherché à m'allumer, j'ai répliqué !

VINCENT - Je n'y ai vu que du feu.

CHARLOTTE - Côté humour, j'aurais été gâtée. Tant pis ! *(Consultant sa montre.)* Ça y est ! J'ai terminé mon service.

Charlotte ôte son tablier blanc, déboutonne le décolleté de sa robe puis relève le bas qu'elle accroche avec des pressions intérieures. Tout le monde la regarde agir avec surprise. Vincent se rapproche, s'installe sur un tabouret, penche la tête, ébloui.

MAUD - Qu'est-ce qu'elle nous fait ? C'est le Crazy Horse ?

CHARLOTTE - Moi, après le service, j'ai besoin de respirer.

MAUD - Très coquine, ta fille.

VINCENT - Comment ça ? Charlotte est votre fille ?

ÉDOUARD - Depuis deux heures. Enfin, il s'agit d'une reconnaissance officielle.

VINCENT - Je ne comprends plus rien à rien dans cet hôtel. Qui est quoi, quoi est qui !

ÉDOUARD - C'est sans importance.

VINCENT - Tout de même, je ne voudrais pas mourir idiot.

MAUD - Même après une explication, ça ne changerait rien pour vous…

VINCENT - Vous n'êtes pas cool.

Soazic réapparaît.

SOAZIC *(désignant son mini sac en bandoulière)* - J'ai récupéré mon bagage, on peut lever le camp !

MAUD - Je veux la même salopette !

SOAZIC - C'est du Gaultier ! Enfin, Gaston Gaultier, le fripier de la place du marché. Bon ! Puisque je suis interdite de séjour, je ne vous chanterai pas « Les adieux de Madeleine ». Vous ratez un grand moment.

ÉDOUARD - Nous en sommes convaincus.

SOAZIC - Adieu veaux, vaches, cochons !

VINCENT - Elle est toujours comme ça ?

ÉDOUARD - Pire !

Soazic et Vincent sortent.

MAUD - Surréaliste. Bien. Je ne vais pas non plus m'éterniser. *(Soudain, Charlotte éclate en sanglots.)* Oh ! il ne faut pas éclater en sanglots parce que je m'en vais !

CHARLOTTE - Ce n'est pas à cause de vous.

Charlotte pousse un long soupir lugubre.

ÉDOUARD - Sèche tes larmes, ma puce. Je t'emmène en voyage.

CHARLOTTE - Comment ?

ÉDOUARD - Tu m'accompagnes dans les îles, de Santa Maria aux Açores. Nous prenons l'avion tous les deux.

CHARLOTTE - Arrête ! Arrête ! Tu me fais marcher.

ÉDOUARD - Je vais surtout te faire voler.

CHARLOTTE - Ce n'est pas possible, je ne suis pas en vacances !

ÉDOUARD - Congé exceptionnel de quatre semaines accordé par la direction.

MAUD - Pour mérites personnels ?

ÉDOUARD - Amusant. Sans solde, évidemment. Alors ?

CHARLOTTE - Alors c'est du délire ! Je n'ai pas de valise prête.

Édouard - Si. Pamela s'est rendue ce midi à ton domicile, allée Curie…

Maud - Vous habitez une écurie ? La bonne blague !

Édouard - Allée Curie. Allée Pierre et Marie Curie.

Maud - Oh ! pardon ! On peut avoir une défaillance.

Édouard - Pamela a vidé une partie de ta penderie. Ton sac de voyage est dans mon vestiaire.

Charlotte - Je ne réalise pas. C'est dément ! Il faut que je t'avoue : j'ai très peur en avion.

Maud - Je comprends. Surtout que vous avez choisi la ligne où il y a eu le plus de crashs ces cinq dernières années.

Édouard - Alors toi ! Tu le fais exprès, je pense !

Maud - Il y en a eu un la semaine dernière, ça doit être tranquille pour six mois. À moins d'une fatalité très fatale !

Édouard - Tu étais sur le départ, je crois.

Maud - Voilà. Je suis bouleversée de te quitter, je commence à radoter comme toujours. *(Un temps.)* Au revoir mon Édouard. Tous les bonheurs pour toi. *(Elle l'embrasse tendrement.)* Mais si j'apprends un jour que tu m'as menti, que Charlotte n'est pas ta fille légitime, je débarque, je t'assomme, je t'étripe, je te décortique, j'éparpille les restes ! Bon voyage, Charlotte !

Maud sort, royale.

Charlotte - Elle est turbulente, ton ex.

Édouard - Turbulente, excessive, passionnée. Je suis un imbécile de la laisser s'en aller, elle va me manquer terriblement.

CHARLOTTE - Qu'attends-tu pour la rattraper ? Fonce ! Aujourd'hui, on fonce !

ÉDOUARD - Je lui propose de m'accompagner ?

CHARLOTTE - Va pour le tarif de groupe !

Ils éclatent de rire.

ÉDOUARD - Ah ! l'amour ! Quelle aventure ! *(Il se précipite dehors.)* Maud ! Maud !

Édouard sort tandis que Maud réapparaît à l'opposé sous le regard amusé de Charlotte.

MAUD - Mais ne crie pas comme ça mon chéri ! Je suis là ! Pour toujours !

NOIR

Rideau final
Saluts
Musique

AVIS IMPORTANT

Cette pièce de théâtre fait partie du répertoire de la Société des Auteurs et Compositeurs Dramatiques, 11 bis rue Ballu 75442 PARIS Cedex 09. Tél. : 01 40 23 44 44. Elle ne peut donc être jouée sans l'autorisation de cette société.

Nous conseillons d'en faire la demande avant de commencer les répétitions.

Imprimé à la demande par Books On Demand GmbH, Bad Hersfeld, Allemagne

3e trimestre 2007
Première édition, dépôt légal : septembre 2007
N° d'édition : 200735
ISBN : 2-84422-587-X